허즈버그의
직무 동기이론

허즈버그의
직무 동기이론

F. 허즈버그 외
주 삼 환 역

ICSI 한국학술정보㈜

역 자 서 문

이 책은 유명한 허즈버그(F. Herzberg) 외의 The Motivation to Work(N. Y. : John Wiley & Sons, 1959)를 번역한 것이다. 고전이 된 이 책은 오늘날까지 계속 출판되고 있으며, 특히 최근 동기이론·인간관계론·인간자원 개발론(Human Resources Development)·직무충실론(Job Enrichment) 등에서 이 《동기·위생이론》은 더욱 각광을 받고 있다.

이 책은 교육행정가·장학담당자·인사담당자·정책입안자 들에게 인적자원개발(HRD)을 위하여 많은 시사점을 줄 것으로 믿는다. 여러 가지 어려운 교육여건이지만 교사들과 근로자들로 하여금 가르치는 일에서 보람과 행복을 느낄 수 있도록 하는 열쇠를 이 책에서 찾을 수 있을 것이다.

교사 자신들과 근로자들도 쉬고 있는 동안만 행복하려 하지 않고, 일 속에서 행복을 찾을 수 있는 길을 찾게 될 것이다.

이 책은 하나의 연구보고서로서 연구방법에 관심 있는 사람에게도 도움을 줄 것이다. 그러나 연구방법에는 관심이 적고 결과와 적용에만 관심이 있는 사람은 1장과 Ⅱ, Ⅲ부를 중심으로 읽으면 될 것이다.

이 책의 출판을 맡아주신 한국학술정보(주)에 감사한다.

2006. .

역자 주 삼 환

저 자 서 문

무엇 때문에 직무태도에 대하여 연구하는가? 이 책을 읽는 동안 해답은 분명해질 것이다.

기계장치나 시설을 1백%에 가까울 정도로 완전히 이용한다는 말은 있을 수 있다. 그러나 인력의 이용이 완전에 가까운 것이 있는지는 의문이다. 이리하여 기업은 생산성을 높이기 위한 결정적인 방법의 하나로 직무에 있어서 개인의 능률성을 증대시켜야겠다는 결론에 이른 것 같다. 다른 한편 직무의 기계화와 인간의 기계화에 대한 공포는 계속되고 있다. 물질의 범람 속에서 우리 인간은 일하고자 하는 희망을 잃고, 인간과 인간이 하는 일에는 간극(間隙)이 생기고 소외되는 감이 있다. 이리하여 기업의 관점, 개인의 관점 양 측면에서 볼 때 직무태도 문제에 집착하는 것은 아주 당연한 것 같다. 기업 측면에서 볼 때 직무태도에 대한 연구를 하면 생산성의 증대, 전직율의 감소, 결근율의 감소, 원활한 근무관계를 가져오게 되었다. 국가적 측면에서 볼 때 심리적 손상에 대한 보상비용을 줄이고, 모든 산업시설의 생산력을 증가시키고, 또 인간자원의 적정이용을 기한다는 의미가 된다. 개인 측면에서 보면 사기를 증가시키는 힘을 이해한다는 것은 크나큰 행복과 자아실현을 가져오게 될 것이다.

이거야말로 낙관적 기대이다. 기간(기간)의 Job Attitudes : Survey of Research and Opinion(문헌 23)과 같은, 이 분야에서 연구된 웅대한 책

은 이런 기대에 따라 수많은 사람들에 의해서 진지하게 전개되었다는 증거를 보여줬다는 데 의심의 여지가 없었다.

그 책이 나온 뒤 이 책을 쓰는 현 시점까지 세상은 또 많이 변해왔다. 우리의 경제는 아주 가변적이기 때문에 이 책이 나올 때의 상황을 예측하기란 어리석은 일이다. 그러나 우리는 심각한 실업문제에 당면하고, 산업시설의 저조한 이용률, 권태의 문제와 물질적 홍수로부터 실업과 산업위기의 심각한 사회문제로 관심이 전환되기에 이르렀다. 그러나 아직도 일과 인간과의 관계 문제는 기본적인 문제로 계속 남아 있다. 우리의 경제가 악화되었다, 호전됨에 따라 실업률이 늘었다, 인력부족이 되었다 하지만 직무에 대한 개인의 태도문제는 영원한 문제로 남아 있다는 사실을 간과해서는 안 된다. 사무를 보고 있는 사람이나, 놀고 있는 사람이나, 실업이 만연하든, 일자리가 남아돌아가든, 직무에 대한 감정이 좋으냐 나쁘냐에 따라 그날 하루의 의미와 과업의 질은 판이하게 다를 것이다. 기업적 측면에서 볼 때 기업의 생산능력이 50% 이용되든, 100% 이용되든 일에 대한 종업원의 태도 여하가 성공이냐 실패냐를 결정하게 될 것이다. 사실상 어려운 시기에 기업의 존망(존망)을 결정하는 위기는 종업원의 사기수준 여하에 달려 있는 것이다.

이 연구가 윤리적으로 정당하냐에 대하여 고찰이 필요하다. 조직인간이 모든 사회적 판단의 대상이 되는 세계에서는 직무태도 연구에 착수하는 행동과학자들은 다소 자기방어의 필요성을 느끼게 된다. 저명한 사회과학자 드러커(Peter Drucker)는 미국 심리학자 심포지엄 개회사(개회사)에서 종업원의 직무태도 조사는 비도덕적이며 정당화될 수 없다고 하였다. 그는 직무에 대하여 어떻게 느끼느냐는 일하는 사람 자기 이외에는 어떤 사람도 알 수 없는 일이라고 생각한 것이다. 이런 생각은 많은 사람들의 공명을 받아왔다.

이 연구계획의 벽두에 이러한 윤리적 정당성 문제가 제기되었으나 만족할 만한 결론에 도달했다. 이 연구에 대한 최선의 정당성은 이 연구는 사회적으로 유용하다는 가정에 다다랐다. 직무태도를 결정하는 요소를 발견하면 인간조작의 도구로 이용될 위험성이 있지만, 이 이전에 악한 사람은 벌써 인간

조작을 위한 많은 기술을 가지고 있다는 것도 분명하다. 그러나 이루어진 여러 연구를 이용하여 선한 사람은 세상 여러 사람이 더 잘 살고, 더 의의 있는 생을 영위할 수 있는 세상을 만들 가능성을 더 크게 믿는다. 인간을 복되게 하는 여러 일을 발견하고 강화하는 것 - 인간을 불행하게 하는 일을 발견하고 그것을 없애는 것 - 은 참으로 가치 있는 일이다. 이 시대에 사는 어떤 과학자도 자기 연구가 해롭게 이용될 가능성을 배제할 수는 없다. 연구결과의 오용 가능성에 대한 두려움 때문에 연구에서 물러설 수는 없는 것이다.

이 연구는 Buhl 재단과 피츠버그 지역의 많은 산업단체의 후원으로 이루어졌다. 다음의 산업계 지도자는 재정지원을 해주신 분들이다. Scaife 사단법인 총재 Arch Murray, 미국 알루미늄상사 인사국장 Otis McCreery, Bachrach 기구사장 Louis Vayda, Jones and Laughlin 강철회사 부사장 George Flaccus, Mesta 기계상사 공무국장 R. P. Brown, Gulf oil사 인사국장 George Sott 씨 등 여러분들이다. 이분들은 재정지원뿐만 아니라 연구를 위해 격려해 주고 또 시설을 제공해 주었다.

또 많은 분들이 개인적으로 이 연구추진에 헌신적인 기여를 해주었다. 즉, Richard O. Peterson과 Shirley Moscov Stark 씨는 연구설계 수립과 예비검사 수행에 많은 도움을 주었다. 연구계획의 얼개를 짜는 동안 Alfred E. Pierce 씨를 임원으로 모시게 된 것은 대단한 영광이었다. 이분은 면접의 대부분을 담당했고, 분석절차 계획에 말할 수 없는 도움을 주었다. Audrey Mayer 씨는 자료분석을 도와주었다. Diana Fitzgerald와 Gillian Whalen은 자료의 통계처리를 맡았다. 원고교정은 Judith Mausner의 힘을 입었다. Frederick Herzberg는 연구책임자이고, Bernard Mausner는 연구자(심리학)이고, 피츠버그 심리연구실 연구부 교수 Barbara Snyderman이 함께 연구했다.

끝으로 연구할 수 있는 장소를 제공해 준 회사에 심심한 사의를 표한다. 이 회사들은 관대하게도 면접할 수 있는 시설과 종업원의 시간을 내준 것이다. 그리고 이 연구면접에 기꺼이 응해준 2백여 명의 종업원은 이 연구를 성공으로 이끌게 해준 분들이라는 것을 잊지 않고 있다.

1959. 7

Ohio 주 Cleveland에서

   Frederick Herzberg

   Bernard Mausner

   Barbara Bloch Snyderman

차 례

제 I 부

배경과 절차

1. 연구의 발단

이 책은 일하는 사람에 대한 책이다. 좀더 정확히 말하면 직무에 대한 태도에 관한 책이다. 일이란 우리 인간이 많이 생각하고, 자주 이야기의 대상이 되는 가장 관심을 갖게 하는 것 중의 하나이다. 대부분의 사람은 일을 하면서 깨어 있는 시간의 대부분을 보낸다. 어떤 행운아에게 있어서는 일이란 만족하게 되는 근원이 되지만 그렇지 못한 많은 다른 사람에게는 슬픔의 원인이 되기도 한다.

사람들은 여러 가지로 일에 대하여 이야기를 한다. 방적공장에서 일하는 사람들은 그칠 줄 모르고 자기들의 일에 대하여 이야기한다. 어떤 때는 잡담이 되기도 한다. "짐(Jim)은 승진할 수 없어. 잘못하면 미끄러지고 말거야.", "샘(Sam)은 형식주의로 살아가는 사람이야.", "오늘은 에어컨디셔너가 고장났어. 가마솥같이 더웠어.", "저 사람은 다치거나 사고 날까 봐 지나치게 조심하고 있어."

때때로 이런 이야기는 경험과 상호 관심문제를 조사할 때 서로 교환되는 것이다. 채무를 이행할 수 없는 사람을 위해서 어떻게 일합니까? 일하는 대부분 사람이 일을 부업 정도로 여기는 여자로 구성되었을 때 결근을 어떻게 줄일 수 있을까? 종업원들이 자기들 스스로 통제하고 직무를 완전히 수행하려고 한다고 생각하십니까?

서로 잘 알고 자주 만나는 사람이 서로 자기들 일에 대하여 이야기할 때, 대체로 직무에 대한 감정이 확연히 흘러나오게 된다. 다른 때는 별로 행복한지 불행한지를 친구들에게 말하지 않는다. 우리들 감정의 본질은 구체적인 이야기 속에서 흘러나온다. 감정은 예화(예화)에 대한 이야기나 지나가는 말, 감정의 격조를 통해서 추측할 수 있다.

직선적 질문인 "당신은 당신 직업을 얼마나 좋아하십니까?" 하고 오랜만에

만난 친구에게 묻는다. 그러면 대개는 멈칫하고는 근무환경과 공평무사에 중점을 두어 말하고 마침내 전체적 평가에 이르게 되는데 + 방향이나 − 방향으로 나타낼 필요를 느낀다. 어떤 사람은 이렇게 말한다.

예, 대체적으로 하고 있는 일을 좋아하는 편이죠. 생활수단이라 부른다면, 학교에서 가르치는 것은 생활비를 버는 방법으로 나쁘지는 않습니다. 아이들이 자라는 모습을 보고는 만족하죠. 적어도 아이들만은 자라거든요. 돈을 벌지 못한다고 불평하지만 앞으로 15년은 계속 일할 것을 생각하면 기쁩니다.

또 어떤 사람은 이렇게 말할지 모른다.

나는 관리자입니다. 일은 쉽습니다. 나와 같이 일하는 사람들은 모두 훌륭한 사람들입니다. 나는 다른 곳으로 이동하지 않을 겁니다. 적어도 12년은 고급관리자로 있을 겁니다. 지난해 생산고가 65%로 떨어졌을 때 우리 과에서 35명이 나갔지만 나는 내 자리를 지켰지요. 지금 당장은 아닙니다만, 언젠가는 나 스스로 경영하리라고 믿지 못한다면 살아갈 재미가 없다고 생각합니다. 내 사업을 해야겠다는 자극이 생깁니다.

좀 나쁜 경우는 다음과 같다.

질식할 것만 같습니다. 과장은 항상 어깨 너머로 감독하고 있어요. 그만둘 수도 없고 과장은 꼬집어 대고……. 다른 사람은 그렇지 않았는데 나만 지난달 5개의 서류가 부결되었어요. 이것은 물러나라는 것을 의미합니다. 그러나 지금 당장 그만둘 수도 없거든요. 직장이 결정되면 그만둘 겁니다. 그러나 KO당하고 말 순 없어요. 맘에 드는 직업이라고 정열을 쏟을 필요는 없어요. 물러나라는 때는 항상 기다리고 있다는 걸 알게 될 겁니다.

그러나 직무태도의 일반적 평가에 대해서 세세히 아는 것은 바로 그 사람의 부인이다. 부인은 사무실에서 일어난 일에 대해서 자세히 듣고 있다.

규정에 위배되지만 장거리 전화를 하고 있었어. 우리 과는 형편없이 인원이 부족했어. 그래도 일을 하려고 안간힘을 쓰며 전화를 하고 있었던 거야. 사장은 날 붙잡더니 손에 쥔 전화기를 금방 뺏어버렸어. 당장 뛰쳐나가고 싶을 정도로 화가 머리끝까지 치밀어 올랐어. 온종일 일에 집중할 수 없었어. 핏대가 서고, 미쳐 뛰고 싶었어. 당장 그만뒀어.

좀더 만성적인 이야기를 들어보자.

일을 만족하게 완성할 수 있다는 것을 보여준 이후로 설계에 필요한 테이블과 휴대 제도기 몇 개 이외에는 아무것도 할당받지 못했어요. 내가 정말 할 수 있다는 것을 보여줄 만한 기회도 없었고, 배울 기회도 갖지 못했어요. 나는 고용한 회사를 이루는 하나의 숫자에 지나지 않았어요. 내가 하는 일은 기울어져 가고, 변하기 시작하고, 졸음이 왔어요.

그러나 어떤 행운의 아내는 수년래 보기 드문 홀가분한 마음으로 귀가하는 남편을 맞는다.

요즈음 회사가 대량으로 해고하고 있다는 걸 당신도 알지? 오늘 아침 회사에 들어서자 지사장이 묻더군. 해고당할까 하여 다른 직장을 구하고 있느냐고. 그러더니 "다른 직업을 구할 필요 없어요. 다른 사람을 다 해고해도 당신은 놓지 않겠어요. 당신은 이 과에서 다른 사람의 5배 비중을 두고 있소."라고 말하지 않겠어. 오늘은 정말 퇴근하기 싫을 정도였어.

이것은 직무태도에 대한 경험의 생생한 자료이다. 일에 대한 인간의 감정을 연구하려는 과학자는 경험의 수집만 가지고는 안 된다. 조사는 구체적인 질문에 초점을 두어야 한다. 우리는 이야기 속에 숨어 있는 간단한 세 질문과 함께 이 장을 펼치고자 한다.

첫째는 직무에 대한 개인의 태도를 어떻게 구체화하느냐 하는 것이다.

둘째는 무엇이 이런 태도를 가지게 하느냐 하는 것이다.

셋째는 이런 태도의 영향은 무엇이냐 하는 것이다.

직무태도 연구의 새로운 접근에 있어서 근본적 전제는 이 분야에서 실시되고 생각된 지식을 구체화하는 것이다. 다행히 우리는 이미 충분한 조사연구를 한 바 있고 그 결과를 여기서 이용하였다(문헌 23). 본 장에서 우리의 연구설계에 관계되는 이론적 측면을 간단히 요약하고자 한다. 이 연구에서 사용된 접근의 틀을 형성한 단계에 따라 살펴보고자 한다.

(1) 직무태도의 측정

직무태도 측정에는 여러 다양한 방법이 있다. 그러나 기본적으로 직무태도의 확인은 다음 세 가지 방법으로 실시하여 왔었다.

첫째, 종업원에게 직무를 좋아하는지 싫어하는지의 전면적 태도를 조사하는 질문에 답하게 하여, '직무만족'에 대하여 표현하도록 하는 방법이다. 이의 좋은 예는 호포크(Hoppock)(문헌 25)의 연구이다. 이 접근법의 유용성은 인구통계적 변인(demographic variables) 조사에 있다. 이리하여 간단한 방법으로 연구자는 종업원의 사기·직무만족을 연령·성별·교육수준·사회적 계층·직업적 특성·계층에 있어서의 지위 간의 차를 비교할 수 있다. 이 방법은 종업원의 직무에 대한 전면적 태도를 표현할 뿐만 아니라, 일의 여러 특수한 측면에 대한 감정을 평가하도록 질문하는 많은 연구자들에게 적절한 것이다.

둘째 접근법에서는 사기나 직무태도의 척도조사가 고려되었다. 이 조사는 많은 구체적 태도 반응을 요약하는 것이 가능하고, 종업원의 사기를 나타내는 모든 것을 점수화하는 것이 가능하다는 가정에 근거하여 예상한 것이다.
잘 알려진 조사는 미국 과학연구회(Science Research Associates, 문헌
53)가 개발한 것으로 수많은 종업원에게 한두 형으로 질문하는 것인데 이
방법의 좋은 예이다. 첫 번째 접근법에서처럼 척도화된 조사점수는 인구통계
적 연구에 이용될 수 있다. 이에 덧붙여 여러 통계기법으로 이런 조사를 분
석함으로써 사기의 구체적 요소를 조사해 내는 것이 가능하다.

셋째 접근법에서는 특수한 사기측정법을 쓰지 않는다. 심리학자가 종업원
의 행위를 관찰한다. 자기가 관찰한 행위를 통해서 태도·감정·동기를 추측
한다. 이 접근법의 전형적인 예는 고전이 된 호손(Hawthorne) 연구(문헌
51)인데, 이 연구는 여러 형태의 집단압력과 종업원에 대한 감독행위의 영
향을 다룬 것이다. 산업에 있어서 집단요인을 조사하는 사회심리학자와 산업
심리학자의 많은 후속연구가 있었다. 호손 연구와 같이 집단행위를 직접적으
로 연구하여 사기평가에 이르렀다.

(2) 직무태도 요인

사기를 측정하는 주요 이유의 하나는 "종업원은 자기 직무에서 무엇을 하
는가?"라는 질문으로부터 대답을 얻는 것이다. 이 질문에 대한 해답은 종업
원 동기부여의 방법을 끝없이 추구해 온 경영에 하나의 단서를 제공해 주는
것으로 기업에 있어서 중요하다. 행위의 원인매체 같은 환경적 요인연구에
있어서 이러한 대답은 행동과학자에게 또한 관심을 갖게 하는 것이다. 이들
대답을 찾아내는 데 세 가지 각각 다른 방법이 있다. ① 종업원에게 이미 계
획된 요인목록을 제시하면, 종업원은 원하는 대로 이들 요인에 등급을 매기
거나 평정하도록 하는 것이다. 요인목록의 예는 임금·감독·회사정책과 경
영방침·의사소통 등이다. ② 종업원이 자기 직업에 대하여 좋아하거나 싫어
하는 것을 스스로 지적할 수 있도록 하는 방법이다. 이들 지적의 분석은 목
록으로 제시된 요인이 나타나는지 밝혀줄 것이다. 이들 요인의 상대적 중요

성은 종업원에 의해서 또는 호오(호오)의 강도를 재는 다른 비중방법에 의하여 나타난 빈도로부터 연역될 수 있다. ③ 선택형 조사 또는 질문지법이 시행될 수 있다. 이것은 통계적 분석기법을 적용할 수 있다. 이런 분석을 통해서 요인의 내용이 문항 간 상호관련성 연구에서 연역될 수 있는 요인을 뽑아내는 것이 가능하다. 이들 요인은 위의 두 방법에서 뽑아낸 요인과 근본적으로 비슷하다는 것이 종종 밝혀져 왔다.

설명이 전개됨에 따라 많은 어려운 연구의 결과로 나타난 여러 요인의 목록이 제시될 것이다. 이들 목록은 근본적으로는 같고 단지 약간 다를 뿐이다. 이들 차(차)는 추출에 사용된 정보자료와 기법에 달려 있다. 좀더 세밀한 분석에서는 여러 요인의 중요한 순서를 알아내는 인구통계적 연구가 가능하다. 이렇게 해서 상위 또는 하위 수준, 연로층 또는 연소층, 남자 또는 여자 회사 종업원이 직무로부터 바라는 종류에 있어서 차이가 있는지 연구해 볼 수도 있다. 그러나 불행히도 이런 연구의 결과는 비교적 안정성이 적었다(문헌 23, 3장). 우리의 문헌연구에서 나타난 하나의 극적인 발견은 연구자가 종업원이 그의 직무에 대하여 좋아하는 것을 찾느냐 싫어하는 것을 찾느냐에 따라 요인의 중요성에 있어서 차(차)가 있다는 사실이었다. 이 연구결과로 '만족 요인(satisfiers)'이 되는 요인과 '불만족 요인(dissatisfiers)'이 되는 다른 요인이 있다는 개념이 암시되었다. 여기서 이 연구의 기본 가설 하나를 추출할 수 있다.

(3) 직무태도 영향의 연구

태도측정과 그 결과로 생기는 행위와의 관계성을 나타내는 것은 제일 중요한 것이다. 종업원의 직무에 대한 태도가 일하는 방법과 인내하려는 의지 사이에 어떠한 차가 있게 하는지 기업은 알고자 한다. 행동과학자는 직무태도 측정이 어떤 예견적 힘을 갖는지 알고자 한다. 불행히도 높은 사기집단과 낮은 사기집단, 높은 생산성 집단과 낮은 생산성 집단, 높은 전직집단과 낮은 전직집단 간을 비교하는 상관관계 연구로 되어 있기 때문에 이 연구의 대부분 평가가 곤란하다. 본 장의 후반에 가서 상관관계 연구에 대한 논의를 하고자 한다.

상관관계 연구의 문헌조사에서 나온 결론은 직무태도와 산출 또는 생산 성과는 아마도 관련성이 있는 것 같다는 것이었다. 그러나 불행히도 이런 관련성이 나타난 연구도 결과가 서로 일치하지 않는다. 실제로 브레이필드 (Brayfield)와 크로켓(Crockett)(문헌 8)이 우리의 연구와 다른 방법으로 실시한 잘 알려진 문헌조사에 의하면, 직무태도와 직무수행과는 아무런 관련 이 없다는 결론을 내리고 있다. 그들의 결론과 우리의 결론에 차가 있다면 그들은 낮은 수준이지만 긍정적으로 보고된 연구를 회의적으로 취급한 데 비하여 우리는 그들이 포함시키지 않은 그런 낮은 긍정적 결과를 가진 많은 연구를 취급했기 때문에 생긴 것이다. 관계성이 적다는 것 외에는 기본적인 차는 없다. 종업원의 태도와 태업, 전직, 개인적 부적응과의 보다 통일된 관련성은 우리가 조사한 문헌에서 증거로 나타났다(문헌 23, 제4장).

(4) 이 론

직무태도 연구로부터 이론의 기본을 만드는 것은 어려운 일이다. 직무에 대한 인간의 태도에 관한 실험 또는 다른 조사연구가 일반 심리학의 한 분 야로 정립된 것은 별로 못 보았다. 심리학 이론이 이런 조사연구의 시발점으로 이용되는 경우는 더 드물다. 물론 몇몇 예외는 있다.

가장 중요한 것 중의 하나는 하버드(Harvard) 경영대학의 메이어(Elton Mayo) 연구팀의 개척적인 연구에서 찾아볼 수 있다. 어떤 의미에서는 이 그룹에 의하여 실시된 유명한 호손 연구(문헌 42, 51)는 전혀 이론적 바탕을 갖고 출발하지 못했다. 그들은 사회과학의 어떤 형식적인 이론적 체계에도 기초를 두지 못했다. 그러나 다른 의미에서 볼 때 이들 연구자는 이론에 실 질적으로 기여했다. 종업원과 감독자와의 관계는 환경조건의 조작보다 더 현저하게 생산고에 영향을 주고 또 일하고 있는 사람의 비형식적 집단의 결합은 생산수준을 일정하게 하는 중요한 안정제로 작용한다는 발견은('기분 좋은 날의 일'의 의미를 강조하는 비형식 집단의 의미) 산업에 있어서 새로운 준거체제의 기초를 닦아놓은 것이다. 이제는 고전적 용어가 된 '인간관계'라는 새로운 접근은 성공적인 연구가 되고, 산업사회에 변화를 가져오게까지 되어 이론적 기능을 하게 되었다.

직무에 대한 인간의 태도를 분석하는 데 사회학적·심리학적 이론을 적용한다는 것은 결국 사회집단 연구에 그치게 되는 것이다. 심리학에 있어서 레윈(Kurt Lewin)(문헌 35, 36)의 이론과 사회학의 말리노브스키(Malinowski)(문헌 38), 휴즈(Hughes)(문헌 27), 호맨스(Homans)(문헌 24)의 이론은 작업집단 연구에 완전히 이용되고 있다. 후자, 즉 사회학 분야의 연구 몇 편에 대하여 좀 더 자세히 언급하고자 한다. 이들 연구는 우선 우리들 연구에서 약간 빗나가는 것이라는 점에 주의해야 한다. 이들 연구는 인간태도에 대하여 거의 직접적으로 접근하지 않는다. 대개는 연구의 단위로 '집단'에 초점을 둔다. 개인은 집단구조에서 지위를 차지함으로써 또는 집단과정에 무엇인가 기여함으로써 비로소 역할을 수행한다.

이런 틀 속에서 좀 유용한 개념이 개발되었다. 첫째, 하나의 집단은 구조나 형을 가지고 있는 것으로 볼 수 있다. 이 구조는 구성원 간에 통하는 의사소통의 성격과 영향력이나 권위의 계선(계선)에 따라 다르다. 개인의 태도는 집단구성 내에서 차지한 지위에 따라, 또 구조 자체의 성격에 따라 확실히 영향을 받는다(문헌 5).

둘째, 하나의 집단은 느슨하게 또는 단단히 서로 끌고 당기는 관계에 있다고 할 수 있다. 구성원을 집단 속으로 끌어들이는 정도, 집단의 응집력은 집단 구성원의 행위를 통제하는 집단의 능력에 영향을 주는 것으로 나타났다. 즉, 생산을 집단의 목표로 삼을 때는 집단은 생산증가의 방향으로 나아가고, 생산을 집단의 목표로 삼는 데 실패하면 생산은 심히 떨어진다는 것이다(문헌 52).

셋째, 하나의 집단은 방향을 가지는데, 이 방향은 대개 지도자에 의하여 정해진다(문헌 23, 제5장). 개인의 일에 대한 태도에 관한 지도성의 변인 영향은 분명치 않다. 초기의 연구는 생산성뿐만 아니라 집단사기에 있어서도 '독재적' 지도성은 '민주적' 지도성보다 못하다는 결론에 이르렀었지만(문헌 29), 그 후의 연구에서는 이 이론은 상당히 제한을 받는 것 같다. 집단 내의 감독 형태를 조직적으로 바꾸며 연구한 것 중에 재미있는 것은 독재적 지도성은 사기에는 나쁜 영향을 주지만 산출은 '증가'한다는 결론이었다(문헌 46). 연구의 이런 결론은, 목표설정과 자기 일에 영향을 주는 의사결정에 참여할 기회를 가진 종업원은 선택의 자유가 없이 변경된 일을 하는 종업원보다 쉽게 변화를 수용한다(문헌 11)는 사실을 암시하고 있다. '참여'란 가치의 의미는 이 연구결과의 해석에 이용한 것 중의 하나이다.

산업계의 작업집단에 관한 문헌 연구에서 발견된 가장 중요한 개념은 '종업원 중심 감독'이란 개념이다. 호손 연구결과에서 아이디어를 얻고, 방금 인용한 연구결론에서 힘을 얻어 생산목표에 초점을 두는 것보다는 하급자 개인의 욕구에 더 초점을 맞추는 것이 감독자가 성공하는 길이라는 아이디어가 나왔다. 이런 관점은 집단역동연구 센터와 미시간 대학 조사연구 센터에서 나온 것인데, 이와는 대조적으로 감독의 기술능력을 중요시하는 연구도 있다. 남캘리포니아 대학의 피프너(Pfiffner)와 그의 공동연구자(문헌 48)는 감독자의 조직적인 능력과 생산성, 전직을 관련지어 측정 조사 연구하였다. 사기를 직접적으로 측정하기 어렵기 때문에 사기와 생산성, 전직의 관련성은 분명치 않다. 그러나 감독에게 자기 역할을 수행할 수 있는 권위를 주고, 또 그들이 고도의 조직적 권능을 가지고 있을 때, 보다 자유롭고 효과적인 집단이 된다고 이 연구는 지적하였다. 종업원 지향의 중요성은 부정되지 않지만 이것이 작업집단으로 하여금 최대한으로 기능을 발휘하게 하는 충분조건은 되지 못한다.

아지리스(Argyris)(문헌 4)는 전혀 다른 관점에서 산업계에 접근하였다. 그는 집단보다는 개인에게 초점을 두었다. 그가 기여한 것은 개인의 통합성,

즉 자기존중 상태를 유지하려는 개인의 욕구와 '팀워크'를 부르짖는 조직의 요구 앞에서도 성장할 수 있는 개인의 권리를 통합해야 한다고 강력히 주장한 것이다. 이런 공격으로 미시간 대학과 캘리포니아 대학 연구자들의 집단 중심은 건전한 방향으로 고쳐졌다.

요약하자면, '직무태도'에 관계되는 연구영역은 잘 정의된 특성을 가지고 있다고 생각해 왔다. 직무태도 측정방법이 개발되고 광범위하게 적용되었다. 여러 다른 전집(전집)에서 다양한 직무태도를 보여주는 인구통계적 연구가 실시되었다. 직무태도에 영향을 주는 요인을 확인하고 상대적 중요성을 평가했다. 그러나 이러한 직무태도의 영향에 관한 이들 연구의 결과로부터 어떤 결론을 맺기에는 아직 멀었다. 끝으로, 이 분야에 있어서의 이론적 평가는 비교적 약점을 가지고 있다는 것을 알 수 있다.

(5) 새로운 접근

직무태도에 관한 과거의 연구가 실패한 주요 원인은 종합적 연구가 못 되고 단편적인 연구였다는 점 때문이다. 직무에 대한 종업원의 태도에 영향을 주는 요인은 집중적으로 조사된 연구라 하더라도 태도의 영향1)*에 대한 정보는 전혀 포함되지 않았다. 이와 마찬가지로 태도의 영향에 관한 연구가 있더라도 태도 발생의 원인이 되는 요인에 관한 자료는 이 연구에 종합적으로 포함되지 않았다는 점이다. 요인과 영향의 양면을 다 취급하는 연구도 대개 이에 관련된 개인, 개인의 지각·욕구·학습양식 등에 대한 정보가 알맞지 못했다. 요인·태도·영향**을 동시에 조사하는 연구에서도 가장 필요한 것은 직무태도 조사에 관한 것이다. 기본 개념은 요인(Factor)－태도(Attitude)－영향(Effect)(F-A-E)의 복합을 한 단위로 하여 연구해야겠다는 필요성이다.

이 복합적 연구에 있어서 두 가지 접근법이 가능하다. 통계적 또는 규범적

---

* 역주 : 어떤 태도가 나타났을 때 그 결과가 어떻게 되는가에 대한.
** 역주 : 직무태도에 영향을 주는 요인, 태도, 어떤 태도를 가졌을 때 그 결과.

인 첫째 접근은, 구체적 변인이나 변인집단을 고려하여 의의 있게 다른 대집
단을 마련하기 어렵다는 전제하에 출발한다. 여러 변인과 여러 가지 다른 측
정방법 간의 관계성을 찾으려고 하는 데서 이들 집단을 비교할 수 있다. 사
기수준이 다르면 생산성에도 차가 있는지 비교할 수 있고, 반대로 생산성에
차가 있는 두 집단은 사기에도 차가 있는지 비교할 수 있다. 이 접근의 합리
성은 개인에게 있는 변인도 대집단 연구로 해결될 수 있다는 것이다. 우리가
이 접근에 반대하는 이유는 다음에 설명될 것이다.

두 번째 기본접근은 개인 또는 인구통계적 접근으로 요인-태도-영향의
복합에서 각 구성 요소의 관련성은 개인들 사이에서 연구되어야 한다는 전
제를 가지고 시작된다. 이것은 하나의 중요한 시도인데 어떤 주어진 요인이
어떻게 고직무태도2)* 혹은 저직무태도**에 영향을 주고 그런 태도의 결과
어떻게 되는가를 개개인에게서 찾아낸다. 이렇게 하는 가능한 방법은 개인으
로부터 고직무태도 혹은 저직무태도의 기간을 알아내는 것이다. 이런 이유로
우리는 고직무태도 또는 저직무태도를 갖는 동안 어떤 일이 있었으며, 응답
자의 반응은 어떤 것인지 알아내려고 한 것이다. 개인생활에서 가졌던 그런
시기를 응답자가 말하면 그것을 분석하여 요인-태도-영향의 복합의 대강
을 찾을 수 있을 것이다. 이 접근의 좋은 점과 나쁜 점에 대하여는 다음에
논하게 된다. 다음 절에서 이 접근을 쓰게 되는 자료, 개발의 기본개념, 다
른 접근을 반대하는 이유 등에 대하여 설명하고자 한다.

(6) 연구자료

① 플라나간(J. Flanagan)

위에 말한 두 번째 방법과 약간 비슷한 기법을 사용한 심리학자 중에는
플라나간이 있다. 그는 수년 동안 직무에 요청되는 사항을 개발할 수 있는

---

 * 역주 : 사기가 높고, 직무 만족을 갖는 태도.
** 역주 : 사기가 낮고, 불만족하며 보람을 느끼지 못하는.

바탕으로 '중요사건'을 모아왔다(문헌 16). 플라나간이 조사한 많은 중요사건은 우리가 찾고 있는 것과 비슷했다. 그러나 그와 우리와의 두 접근법에는 근본적인 차가 있다. 플라나간의 연구목적은 일반적으로 직무수행의 평가 또는 사원 선발도구의 개발에 있다. 그래서 중요사건의 기준은 직무에 있어서 바람직한 행위나 나쁜 행위를 규정해야겠다는 필요성에 바탕을 두고 있다. 그러므로 이 기준은 개인이 나타내는 심리적 과정에 대하여 외적이다. 그러나 우리의 접근에서는 사건이 있었던 동안의 심리적 상태를 응답자 자신이 판단하는 내적 기준에 바탕을 두고 사건을 고른다. 플라나간이 중요사건 선택기준으로 개발한 기준을 본 연구에 직접 사용하기에는 알맞지 않다.

② 허어시(R. B. Hersey)

새로운 접근법에서 암시하고 있는 것은, 직무태도는 한 개인에게 있어서도 시기에 따라 변한다는 의미가 있다. 같은 개인이라도 때에 따라 직무에 대한 감정이 변한다는 것을 연구한 사람 중에 허어시가 있다. 예를 들면, 그의 유명한 연구에서 직무에 대한 감정변화의 주기성은 사고의 빈도와 관련된다고 밝혔다(문헌 20). 연구기간 중 종업원은 자기의 감정과 사고의 기록을 일기에 담았다. 여기서 놀랄 만한 발견은 사고의 엄청난 비율이 종업원의 기분이 '낮다'라고 보고하였을 때 일어났다는 것이다. 종업원들은 자기의 기분변화를 구별할 수 있고 또 체계적으로 보고할 수 있으며 이런 기분변화는 일을 하고 있는 효과성 측정, 즉 사고 발생과 연결될 수 있다는 증거로 여기에 나타난다.

③ 사회학자들에 의한 연구

산업에 있어서 작업집단은 사회학자들이 세밀히 연구하고 또 문화인류학자들이 오랫동안 적용·연구해 왔다(문헌 3, 24, 58, 61). 이 연구는 한 가지 물건 조립공장이나 기계기사의 집단 같은 소집단을 아주 세밀히 관찰할 뿐만 아니라 화이트(Whyte)의 연구에서처럼 공장 전체의 문제를 개관(개관)하거나 대회사까지도 연구대상에 포함시켰다. 이 연구는 비형식구조의 성격

과 작업집단의 지도성에, 또 비형식집단의 지도자와 형식집단의 계층 사이의
갈등의 영향에 초점이 주어지는 것이다. 또 상여금제도의 운용도 강조하였
다.

또 산업계 쟁의의 원인 규명에도 초점을 둔다. 이 모든 연구에서 질적이고
직관적인 접근은 우리의 연구에서와 똑같은 준거의 틀을 만들어 준다. 태도
에 영향을 주는 요인, 태도 자체, 태도가 미치는 영향, 이렇게 셋을 한 단위
로 하여 연구한다. 이 자료는 충분히 일을 하기 위한 동기의 성격을 추출할
수 있는 바탕으로 사용될 수 있다. 본서의 제Ⅲ부에서 이 같은 연구에 대하
여 쓰게 된다(문헌 7, 56, 57). 훌륭한 연구자들이 차고 종업원, 강철회사 종
업원, 자동화된 공장의 종업원에 대하여 관찰한 연구는 우리 연구의 면접결
과에서 나온 결론을 검증하는 데 귀중한 자료를 제공해 주었다.

④ 중요사건 사기조사(The critical incident morale su-
　　rvey)(문헌 22)

이 연구접근의 시초는 이 연구의 책임연구자인 허즈버그가 연구한 사회
내의 사기조사에서 비롯되는데, 이 연구에서는 종업원에게 사기에 대하여 대
답하도록 질문할 뿐만 아니라, 감정을 설명할 수 있는 사태의 예를 들도록
요청하였다. 여기서 나온 예는 아주 구체적이어서 사기조사에서 얻을 수 있
는 가장 가치 있는 자료가 되었다(문헌 21).

⑤ 내용분석

과거 자기들에게 있었던 사건에 대해서 응답자들이 보고한 것을 중심으로
구성된 자료는 질적으로 수준이 상당히 높았다. 여기서 수량화(수량화)의
필요성을 느꼈다. 다행히도 라스웰(H. D. Lasswell)(문헌 33), 베렐슨(B.
Berelson)(문헌 6) 같은 정치학과 여론조사(여론조사)를 연구하는 학자들
이 개발한 내용분석 절차가 있어서 질적인 자료를 양적 자료로 나타내는 데
이용할 수 있었다. 내용분석에 있어서 질적인 자료는 개인의 아이디어나 사

고의 단위를 카테고리로 갈라 넣음으로써 나누어진다. 이 카테고리는 구체적인 기준을 마련해 냄으로써 충분히 객관성을 띨 수 있다. 그러므로 고도의 신뢰성을 보장할 수 있다. 개인적 카테고리에서 나타나는 빈도를 가지고 정밀한 가설검증에 이용할 만큼 양적으로 충분하다. 이는 내용분석 방법을 쓸 수 있다는 가능성 접근방법을 선택하는 데 중요한 요인의 하나가 되었다.

(7) 연구설계의 요소

이 연구의 설계는 몇 개의 단계를 지나는 동안 차차 확실해진다. 이 단계에 대하여는 제2장 예비조사에서 자세히 논하게 된다. 그러나 여기서도 연구설계의 기본성격에 대하여는 집중적으로 설명할 필요가 있다. 특히 연구의 발단에서부터 결론에 이르기까지 변치 않는 것이기 때문이다.

① 태도의 설명

이 연구설계의 중심적 특성은 응답자 자신의 지난 과거경험 속에서 보통 때보다 특별히 직무에 대하여 좋게(고직무태도) 느끼거나 나쁘게(저직무태도) 느낀 시기를 확인해서 말하게 하는 것이다. 보다 더 정확한 방법인 사기나 직무태도를 직접 측정하려는 시도를 못 했다. 비교적 원자료 그대로 쓰는 이 방법의 이점은 점수의 비중을 따지고, 한 사람씩 정해진 점수와 의미를 비교하고, 측정의 신뢰성을 검사하여 보면 필연적으로 따르게 되는 문제를 피할 수 있다는 점이다. 여기서 하나의 가정이 성립되어야 하는데, 이 가정은 응답자가 직무에 대한 감정을 하나의 연속선상에 표시하고 이 연속선의 양극단[3]*을 확인하고 나서, 이 양극단의 사태를 연구자에게 보고할 수 있을 것이라는 것이다. 그런데 사실상 우리 응답자들은 이 감정이 바뀜에 따라 연속선상에 표시하는 데 별 곤란을 느끼지 않았다.

---

* 역주 : 고직무태도와 저직무태도.

② 직무태도요인의 확인

이미 지적한 바 있는 것처럼 실험자가 미리 정해 놓은 요인 목록을 보고 응답자가 평정하거나 등급을 매기도록 하여 직무태도의 요인을 측정하였다. 그러나 이런 절차를 밟는 동안 여러 가지 바라지 않는 힘이 작용할 수 있다.

첫째, 검사 상황의 부적절한 고려로 이런 절차에 부수적인 영향을 줄 수 있다.

둘째, 검사를 받는 사람이 임금, 사회적 관계, 또는 감독 같은 요인을 높은 개념수준으로 평정하거나 등급을 매긴다면 그 요인의 '사회적 수용'은 등급이나 평정을 매기는 데 상당한 영향을 줄 것이다. 그래서 만일 검사를 받는 사람이 돈에 높은 가치를 두는 것이 좋지 않다고 생각하는 집단에서 표집됐다면 임금이 자기의 사기를 결정하는 데 가장 중요하다고 생각하지만 '사회적 수용' 때문에 임금에 높은 점수를 매기려 하지 않을 것이다. 이와 비슷한 현상으로 조사자를 기쁘게 하려는 생각이 등급이나 비율을 정하는 데 암암리에 작용할 것이다.

셋째, 무의식적인 동기가 이런 연구를 일반화하여 보고하는 데 영향을 줄 수 있다. 예를 들면 청교도적인 사람은 실제로 자기를 만족하게 하는 것에다 높은 등급이나 비율을 매기려 하지 않을 것이다. 이런 청교도적인, 거의 의무적으로 불평하지 않는 사람은 아마도 불평분자처럼 보이는 사람보다 등급 매긴 것이 훨씬 상향적일 것이 틀림없다.

필자는 응답자가 일반적인 요인에 대하여 등급이나 비율을 매기는 것에 비하여 사기가 높을 때나 낮을 때 실제 일어난 일에 대하여 말하도록 한다면 위와 같은 왜곡은 훨씬 줄어들 것이다. 다시 말하면 응답자 자신이 자기 생활 중의 어느 일정 시기를 골라서 보고하도록 한다면 이런 의식적·무의식적 편견에 의한 영향은 덜 받을 것이라고 생각한 것이다.

요약하면 요인을 확인해 내는 일은 심리학자나 경영자의 선험적 판단에 의하여 되는 것도 아니고, 종업원의 일반적인 생활에서 되는 것도 아니다. 다만 응답자의 생활 중에서 어떤 특수한 에피소드가 있을 때 사기에 영향을 준다고 보고된 힘을 분석해 봄으로써 곧장 뽑아질 것이다.

③ 직무태도의 영향

월레스(Wallace)와 웨이츠(Weitz)가 산업심리에 관한 논문, *Annual Review of Psychology for 1955*(문헌 1)에서 지적한 것처럼 표준연구 (criterion studies)는 산업심리에 있어서 가장 약한 분야이다. 브레이필드 와 크로켓의 분석(문헌 8)에서도 지적된 것처럼 우리들의 문헌연구에서도 직 무태도의 영향에 관한 초기 연구들의 약점이 지적되었다(문헌 8). 생산성 측 정이 언제나 종업원 자신이 조정할 수 없는 외적인 요인 때문에 잘못 측정되 는 것은 아니다. 측정은 종업원의 노력이 얼마나 들었느냐를 측정하는 것보다 그 사람의 산출이 얼마나를 측정하는 것이 더 중요하다. 정말 회사의 각 수준 에 맞는 객관적으로 정확한 생산성 측정을 한다는 것은 거의 불가능하다. 감 독자나 다른 어떤 관찰자가 등급을 매긴 기준 측정도 등급법의 불가피한 약점 으로 인하여 잘못될 수 있다. 태업이나 전직 같은 객관적 측정까지도 그럴싸 해 보이지만 평가하기에는 곤란하다. 왜냐하면 그 태업이나 전직이 종업원의 내적 원인 때문인지 외적 원인 때문인지 분간하기 어렵기 때문이다.

소위 객관적 측정이라 부르는 것도 결함이 많기 때문에 직무에 대하여 좋 은 태도를 가졌을 때 또는 나쁜 태도를 가졌을 때, 어떤 행위를 보여주느냐 를 알기 위한 유일한 좋은 자료는 종업원 자신뿐이라는 것이 우리 연구자의 느낌이다. 응답자가 자기통찰(self-insight)을 충분히 할 수 있고 연구자와 의사소통만 잘 할 수 있다면, 자기가 말하려는 일정 시기의 일이 고통스러웠 는지, 유익했는지, 또 직무태도 때문에 일에서 도피하려는 생각을 하였는지, 다른 사람과의 상호작용이나 적응에 영향을 받았는지 등에 대해서 종업원 자신이 잘 말할 수 있다. 말할 필요도 없이 많은 독자들은 직무태도 영향에 관한 이런 보고의 검증에 대하여는 많은 의문을 제기할 것이다. 이 보고가 타당하냐 하는 문제는 태도의 영향에 관한 자료가 제시되는 부분에 가서 좀 더 길게 자세히 논의될 것이다.

④ 반구조적 면접

이 연구에서 사용한 면접법은 일반적으로 '반구조적 면접'이라 부른다(문헌 45). 이 방법에서는 면접자가 사전에 구체적으로 계획된 대로 질문을 한다. 면접 과정에서 나오는 의문점을 따라 추궁해 나갈 자유는 없다. 이에 비하여 구조적 면접(structured interview)에서는 질문지에 기록된 구체적 질문으로 제한된다. 완전히 비구조적 면접(unstructured interview)에서의 면접의 흐름은 완전히 응답자의 통제하에 있다.

반구조적 면접법을 이용하려면 몇 가지 알아야 한다. 어떤 종류의 일(event)에 대하여 이야기할 것을 선택할 자유가 응답자에게 주어진다. 계획된 대로 질문하고 그 대답 속에서 우리가 찾는 요인－태도－영향에 관한 정보를 확인한다. 이 정보 속에서 좀더 알아볼 것이 있으면 면접 중에 특별한 조사를 할 수 있도록 허용되었다.

그 결과 우리가 쓴 방법이 나온 것이다. 자기 직무에 대하여 특별히 좋았거나 나빴다고 느꼈던 때에 대하여 이야기할 수 있도록 질문하기로 하였다. 이 이야기 속에서 직무에 대하여 부정적인 태도 또는 긍정적인 태도로 이끄는 사태와 그 태도의 영향을 알아내기로 하였다. 최초의 면접조사표(interview schedule)를 계획했을 때 우리의 생각은 이렇게까지 진전되고 마침내 이것을 가지고 회사에 가서 예비조사를 하게 되었다.

(8) 몇 개의 다른 접근

연구의 기본 골격은 이미 정해졌지만 문헌조사에서 발견된, 또는 우리의 생각에 떠오른 직무태도 연구에서 가능한 다른 여러 접근법에도 관심을 기울여 왔다. 이런 접근법을 조사해 보고도 이들을 채택하지 않은 이유를 간단히 지적하는 것도 의의가 클 것이다.

① 태도와 영향의 척도 측정

세밀하게 세워진 계획에 의하여 태도와 기준 측정의 두 가지를 하기 위하여 질적 자료를 수집하게 된다. 이 질적 자료는 내용 분석에 따라 양화(양화)된 다. 그런데 양적 방법을 직접 자료 수집방법으로 쓰는 것에 대해서도 한번 생각해 볼 만하다. 이 방법에서는 가장 널리 이용되는 사기측정법(사기측정법)을 쓰려고 하지는 않는다. 이유는 지난날의 정신측정학에 바탕을 두고 있기 때문이다. 이 정신측정학에서 조사 연구한 것은 다음에 나오는 집단 연구에 관한 부분에서 논의될 것이다. 그러나 가트만(Guttman)[Green의 논에서 (문헌 18)], 쿰즈(Coombs)(문헌 12), 또는 라자스펠드(Lazarsfeld)(문헌 34) 같은 태도측정의 새 기법을 이용하여 보다 정확한 직무태도 측정법으로 발전시키기 위한 시도를 할 수도 있었다. 여기서 나온 정보가 옛날 방법으로 하여 얻은 것보다 더 정확하고 더 의미가 깊었다. 이와 마찬가지로 지금까지 새로운 기준측정을 하려는 시도가 많이 있었지만 '종업원의 효과성' 측정에 대하여 보고서를 낸 적이 있는 히런(Heron)(문헌 19)은 새로운 기준측정을 개발할 수 있다고 시사한다.

어쨌든 요인-태도-영향의 복합은, 질적으로 조사하는 것으로 태도와 기준을 양화하기에 앞선 필요조건이다. 그러나 섣불리 양화한다는 것은 각 개인에게 존재하는 모든 복합(복합)의 조사에 방해가 될 것이 틀림없다. 아무리 정밀한 절차와 문항을 사용할지라도 정확하게 양적으로 태도를 측정한다는 것은 등급이나 등위를 정하는 것에 불과하다. 새로운 접근을 위한 가장 좋은 자료는 일반화를 조작하는 데서 나오지 않고, 어떤 사건을 설명하는 데서 나올 수 있다는 가정하에서 우리가 선택한 접근을 시작한 것이다.

② 집단연구

직무태도 영역의 연구에 있어서는 실험적이어야겠다는 요청이 수 반세기 동안 제기되어 왔다. 과거에 주로 사용된 방법은 독립변인으로 비교될 수 있는 측정 가능한 특성을 가진 집단들 간을 비교하는 것이었다. 그래서 조사연구

센터(Survey Research Center)에서는 생산이 높은 집단과 낮은 집단, 사기가 높은 집단과 낮은 집단을 서로 대조하여 비교연구하였다(문헌 30, 31, 39). 다른 연구에서 높은 전직을 보인 집단과 낮은 전직을 보인 집단을 비교한 것도 있다(문헌 32, 55, 60). 이들 연구가 문제 이해에 도움을 주기도 하지만 이 집단연구는 부정확한 점도 많다.

첫째, 집단을 이루게 되는 독립변인의 측정과 종속변인으로 보는 기준측정 사이에는 가끔 어마어마한 시간 차가 있는 것을 발견할 수 있다. 그래서 어떤 주어진 시간에 '높은 사기' 집단이라고 정해 놓은 집단 내에 있는 개인도 사표를 냈었거나, 사고가 있었거나, 일을 그만두려고 하였던 순간에는 실제로 매우 낮은 사기였을지도 모른다.

둘째, 독립변인과 종속변인을 정하는 측정에 있어서 또 하나의 다른 곤란이 있다. 이런 측정은 대개가 단위측정이 되는데, 여러 단위의 비중에 대한 증거가 부족하다. 그러므로 대체로는 일에 대하여 긍정적으로 말하여 '높은 사기'를 보여준 사람도 일에 대한 전체적인 태도로 볼 때 한두 극단(극단)의 부정적 태도 때문에 실제로는 낮은 사기로 나타나는 사람도 있다. 자기가 하는 일과 보수·승진의 기회가 아주 우수하다는 사실을 발견한 사람은 사기 검사에서는 높은 점수를 보여줄지 모르지만 만일 그가 감독자와의 사이에 심각한 갈등상태에 직면해 있다면 사실상 직무에 대하여 심히 부정적으로 느낄 것임에 틀림없다.

아마도 방법상으로 개선한다면 이런 두 가지 곤란점을 극소화시킬 수 있을 것이다. 그러나 훌륭한 사기측정과 기준측정일지라도 이것을 집단 간의 비교에 이용한다면 의심스런 의미를 가진 결과를 낳게 된다. 직무태도에 이르게 하는 요인과 이들 태도의 영향은 각 개인연구에서는 서로 관련되게 된다. 집단의 생산성과 사기 간의 상관관계가 +0.30으로 높은 의미를 가진 상관이라고 할지라도 결국 여기서 얻어지는 예견력은 거의 없다. 어떤 한 개인에게 있어서 가변범위는 매우 크다. 이런 종류의 연구설계에서 이런 선행조건이 있으면 저런 결과행위가 온다는 단일한 관계성은 위와 같은 필연적인 혼란 때문에 찾기 힘들다.

③ 관찰연구

하나의 이상적 세계에서 우리는 자기 직무에 대하여 특별히 좋게 느끼거나 나쁘게 느끼는 때에 대하여 물어볼 수도 있을 뿐만 아니라, 직접 현장에 가서 직무에 대하여 특별히 좋게 또는 나쁘게 느끼는 사람을 찾아내서 오랜 기간을 두고 관찰할 수 있을 것이다. 욕구와 동기가 작용하는 연구에서 응답자의 보고가 연구자가 얻을 수 있는 가장 좋은 자료로 아직은 필수 자료라고 하더라도 이런 관찰법, 특히 신뢰도를 높이기 위하여 여러 사람이 관찰하는 경우는 매우 가치 있는 방법이다. 사실 이 관찰연구는 산업사회학·사회심리학, 기타 다른 상황의 집단행위 연구에서처럼 모든 연구에 있어서 중요한 방법이다(문헌 61).

이 연구에서 관찰연구 방법은 이상세계(이상세계)에서와는 달리 비실제적인 점이 있다. 자금도 충분치 못하고 오랫동안 관찰할 수 있는 시설도 없다. 실제에 가서 소집단을 집중적으로 관찰하는 방법을 택할 것이냐, 많은 수의 사람에게 자기의 행위에 대하여 보고하게 하는 방법을 택할 것이냐 할 때 대개 둘째 방법을 택하는 것이 더 좋을지도 모른다. 아무리 잘 관찰한다 할지라도 소표집에다, 제한된 짧은 시간이라는 결정적인 핸디캡이 있다.

관찰방법의 이용 시에 부수되는 위험이 있다. 면접법에 있어서 면접자의 행위가 피면접자의 보고에 영향을 주는 것은 사실이지만, 관찰자도 시간적으로 오랫동안 관찰하는 상황에 접해 있어야 하기 때문에 훨씬 더 깊은 영향을 미친다. 잘 알려진 호손 영향이 이런 사례이다. 작업환경이나 인센티브를 조작하는 것이 관찰을 받고 있는 집단이 된다는 사실만큼 영향을 주지 못한 것이다. 만일 관찰을 위하여 한쪽에서만 보이는 스크린으로 둘러싸인 공장의 세계에 들어갈 수 있고, 여기에 또 종업원들이 하고 있는 일에 대하여 어떻게 느끼는지 알아낼 수 있도록 종업원과 동적 면접(running interview)을 할 수 있다면 관찰방법은 확실히 연구방법으로 택하고 싶은 최상의 방법이 될 것이다. 그렇기 때문에 할 수 없이 그래도 의미 있는 결과를 가져올 수 있는 것으로 가장 좋다고 보는 회상적 면접법(과거를 회상하게 하는)을 택하게 되었다.

2. 예비조사

제1차 예비조사는 우리가 택한 접근법의 실현 가능성을 타진해 보기 위하여 계획되었다. 다음 세 질문에 만족할 만한 대답이 있어야만 하였다. 종업원들이 자기직무에 대하여 특별히 좋게 느끼거나 나쁘게 느낀 때에 대하여 말할 수 있을 것인가? 보다 더 중요한 것은 이 태도의 원인이 되는 요인에 알맞은 장면을 묘사해 낼 수 있을 것인가? 끝으로 이들의 보고에서 직무태도의 영향을 확실히 밝혀낼 수 있을 것인가? 자료 수집을 위한 1차적 시도로 다음과 같은 면접조사표(interview schedule)를 만들었다.

> 과거에 하던 직무에 대하여 특별히 좋다고 느끼거나 나쁘다고 느꼈던 때에 대하여 잠시 생각해 주십시오. 현재의 직업에 대해서라도 좋고, 과거에 가졌던 직업에 대해서라도 좋습니다. 직무에 대한 귀하의 느낌에 있어서 사기가 높았던 점이나, 낮았던 점을 생각해 낼 수 있겠습니까? 죄송합니다만 그 점에 대하여 이야기해 주십시오.

조사표의 나머지 예비조사 질문은 응답자가 자발적으로 말한 이야기가 정보를 얻기에 부족한지 어떤지를 알기 위한 것이었다. 즉, 얼마나 오래 전에, 어떤 환경하에서 일어난 일이며, 그 사건이 계속된 기간은 얼마나 되며 그런 감정을 가진 결과 어떤 영향이 있었는가 하는 것이었다.

이 예비조사를 실시한 장소는 두 회사였는데 하나는 부품조립 도매 강철회사이고, 다른 하나는 조그마한 타이어 공장이었다. 13명을 면접하였는데 노동자·서기·직공장·공장기사·회계사가 포함되었다.

13명 중 1명을 제외한 12명 전원이 자기들의 직무에 대하여 특별히 좋게 또는 나쁘게 느꼈던 때에 대하여 이야기할 수 있었다. 예외의 1명은 언어적 장애를 느끼는 미숙련공이었다. 이들의 이야기는 생생했고, 대개의 경우 깊은 감정의 증거를 포착할 수 있었다.

분석방법을 개발하는 데 있어서 첫째의 어려운 점은 보고된 사건의 기간 중에 직무에 대한 어떤 감정을 갖게 한 요인을 명백히 지적하는 일과 이런 감정을 가졌을 때 어떤 영향을 주었는가를 열거하는 일이었다. 표집이 너무 작아서 어떤 결론을 맺거나 가설을 검증할 수는 없었다. 그러나 직무 본래의 성격, 감독의 특징, 응답자와 자기가 일하는 사회집단과의 관계, 승진의 기회, 직무에 대한 응답자의 감정을 결정하는 데 어떤 역할을 한 모든 회사의 특성과 경영 상황의 특성 같은 것은 이 예비조사 중에 두드러지게 나타났다.

태도의 영향은 많고 다양하였다. 종업원의 직무에 대한 감정이 직무수행에 어떻게 영향을 주는가에 대한 구체적인 참조가 되었다. 어떤 사람은 자기의 직무를 떠나려고 생각하였던 상황에 대하여 말하기도 하였다. 많은 사람이 태도와 감정 때문에 실제로 사표를 내기까지 했던 때에 대하여 보고하였다. 또 다른 많은 경우는 직무를 계속하는 동안 종업원의 개인적 적응, 정신건강에 영향을 받았다는 뚜렷한 지적이 있었다.

이리하여 이런 방법으로 직무태도에 관한 가설을 검증·분석할 수 있는 자료를 얻을 수 있다고 확신할 수 있었다.

그러나 예비조사 이야기를 검토해 본 결과 자료는 중요 사건과 비슷한 보고로 완전히 구성될 것이라는 우리의 기대를 근본적으로 수정해야겠다는 것이 밝혀졌다. 몇몇 사람의 이야기가 중요 사건과 같은 성격이었다. 그들은 자기들의 구체적인 경험을 매우 짧은 기간 동안 직무에 대한 예외적 감정과 동일시하는 특수한, 거의 일화적 상황에 대하여 이야기해 주었다. 그러나 대부분의 경우 중요 사건과 전혀 닮지도 않은 이야기를 하고 있었다.

여기서 '중요 사건'의 개념에 해당하는 몇 개의 예를 들고자 한다.

1. 한 기계 세일즈맨이 자기가 '일해서' 나온 자재로 지어진 빌딩을 방문했을 때의 느낌에 대하여 말한다. '그 자재를 만들기 위해 많은 땀을 흘렸었기 때문에' 이 빌딩을 보고 매우 기쁘게 느꼈다는 것이다. 이

것이 그에게 영향을 주었다. "그것은 선생님(면접자)이라도 새로운 자
극을 받았을 겁니다. 나는 정말 어떤 기능을 담당하고, 직무에 있어서
중요한 한 부서를 담당했다고 느끼기" 때문이다.

2. 한 창고지기가 비 오는 날 밖에 나가서 화물차를 검사하라는 명
령을 감독으로부터 받았다. 그 창고지기는 그때 레인코트가 없었다. 더
구나 그는 명령대로 하고 싶지도 않았다.
"저는 시키는 대로 하지 않았어요. 감독이 워낙 잘못했거든요. 아마
선생님이라도 안 했을 거예요. 선생님이라도 감독이 잘못했다고 생각
했을 거예요. 선생님이라도 많은 생각을 했을 거예요."
그 결과 차는 검사가 잘못되고 그 길로 직장은 끝장이 났단다.

이와 대조적인 예가 있다.

1. 먼저 번 그 기계 세일즈맨이 공업학교 졸업 후의 첫 직업에 대하
여 말한다. 그는 청부업자 조수로 고용되었다. 표를 만들고, 주인이 나
가면 사무실을 지키는 것이 그의 의무였다. 주인은 너무 바빠서 조수
를 훈련시킬 틈이 없어 조수가 질문할 때마다 괴로워하는 것 같았다.
그는 기능이 모자라고, 맡은 직무가 죽음과 같이 느껴져서 좌절감을
느꼈다. 같이 일하는 대부분의 사람은 흥미 있어 하고, 말하기 떳떳한
직업처럼 느껴지는데, 자기만은 단지 싫증만 나기 때문에 특별히 불행
하였다.

2. 한 회계감독은 새로운 IBM 설치를 위해서 일하던 때가 가장 멋
있었다고 느꼈다고 한다. IBM이 작동하기 시작하고, 자기에 대한 이
야기가 두고두고 전해오고, 과외 기능에 있어서 실제로 차가 있다는
것이 시간이 지난 다음에 밝혀졌을 때 특별히 좋게 느껴졌다고 한다.

3. 인사관계 제도를 발전시키고, 이에 관한 일을 재조직하기 위해서
채용된 한 공장 기사는 우리가 면접할 때 자기 직무에 대하여 매우 나

쁘게 느끼고 있었다. 이유인즉 공장에는 스트라이크가 계속되고, 경영진은 자기가 협상에 나서거나 그들 앞에 앉는 것조차 허락하지 않기 때문이었다. 그는 스트라이크로까지 몰고 간 많은 오해에도 책임이 있고, 그 해결에도 책임감을 느꼈다. 그는 회사경영에 매우 활동적인 역할을 담당하였고, 이제 정년이 거의 다 된 고급관리자가 퇴직하게 되면 그 관리직을 맡기로 약속되었었다. 스트라이크 진압 협상에 참여할 수 없도록 하는 것을 보면 관리직 약속이 지켜질지 의문이란다. 그래서 그는 저직무태도 상태에 있는 것이다.

위의 예는 종업원들이 자기 직무에 대하여 좋다고 느끼거나 나쁘다고 느낀 특수한 사건의 설명이 아니라 전체적 느낌이 특별히 나쁘다는 장기간에 걸친 설명이다. 이들 이야기 속에서 요인－태도－영향의 단위가 분명히, 그리고 상세하게 묘사될 수 있어서, 우리의 조사에 있어서 아주 유용하였다. 이런 대답을 사건이라고 부를 수 없기 때문에 새로운 이름이 필요하였다. '사건의 시퀀스'(줄여서 그냥 '시퀀스')*4)라는 용어를 면접에서 나오는 모든 보고에 적용하였다.

'단기간 사건 시퀀스'란 용어는 특별한 감정으로 보고된 사건이 일시적이고 지극히 기간이 좁은 범위로 제한되었을 때 적용되었다. 제1장에서 지적한 것처럼 이야기가 될 사건을 선택하는 주요 기준, 직무에 대한 느낌의 높거나(고직무태도), 낮은(저직무태도) 것은 응답자의 지각에 의한 것이었지만 플라나간의 중요 사건과 아주 비슷하다.

예비조사에서 얻은 이야기를 바탕으로 하여 '장기간 사건 시퀀스'에 대한 다음 기준을 정하였다.

---

* 이 책이 쓰여진 후 비슷한 방법을 적용한 연구가 있었다. 학문세계에 대한 독창적이고도 면밀한 조사연구에서 카플로우(Caplow)와 맥기(Mcgee)(문헌 10)는 11개 대학집단을 대상으로 일정기간 동안 전직한 것을 연구하는 데 단위로 이 시퀀스를 택했다. 이들은 이전의 재직출발 상황과 다음 후계자 채용 시의 상황에 대하여 가능한 모든 정보를 수집하였다. 이 단위를 일에 있어서 '사건의 시퀀스'라 이름 붙였다.

첫째, 사건의 장기간 시퀀스는 최소 수 주일에서 1개월의 범위에 속한다. 최고로는 수년 간이 될 수도 있다.

둘째, 사건의 장기간 시퀀스는 이 기간 중에 감정이 동요할 수도 있지만 직무에 대한 전체적인 감정은 계속하여 높거나 또는 낮은 기간이라는 것이 응답자에 의하여 확인되었다. 예를 들면 자기 직무에서 전체적으로는 아주 불행한 종업원도 때때로 배당된 일을 완성시켰을 때 지나가는 말로 칭찬의 말을 듣게 되면 진정한 만족감을 느낄 수 있다. 그렇다고 이 장기간을 모두 불만족 기간이라고 볼 수 없다.

셋째, 사건의 장기간 시퀀스가 시간적으로 명백히 한계 지어야 함에는 틀림없다. 응답자는 사건이 시작해서 지금까지 계속되지 않는다면 끝난 때에 대하여 말할 수 있어야 할 것이다. 이것은 장기간 시퀀스 사건의 시작과 끝이 갑자기 나타나고 극적이어야 할 필요가 있다는 것을 의미하지는 않는다. 그러나 대개의 경우 응답자는 시작과 끝이 분명한 기간에 대하여 말하여 주었다.

(1) 제2차 예비조사

제2차 예비조사는 1차 때보다 좀 큰 규모로 실시하였다. 제2차 예비조사를 하는 의도는 방법을 더 발전시킬 뿐만 아니라 문헌조사와 제1차 예비조사 결과에 나타난 몇 개의 가설을 사전에 조사하려는 것이었다. 또한 제2차 예비조사에서는 접근할 전집(전집)에 대하여 보다 구체적으로 밝혀져야 한다. 제1차 예비조사에서 면접한 대상은 광범한 지위·신분이었던 경험을 살려 2차에서는 중간 관리층으로 정했다. 이 결정은 두 가지 점을 고려한 것이다. 첫째, 중간 관리층은 보다 말을 잘할 수 있고, 보다 더 교육을 받고, 태도의 굴곡을 보다 더 정확히 의식할 수 있다는 점이다. 이들은 말단 생산 담당자나 서기들보다 면접자와 잘 의사소통할 수 있다.

둘째, 다른 고려점은 완전히 우리가 생각하고 있던 것이 아닌 좀 부차적인 것인데, 기업의 발전은 중간 관리층의 직무태도에 크게 관련된다는 점이다. 기업체가 관심을 쏟고 있는 집단층에 대하여 집단연구를 한다면 우리의 연구를 기업체가 잘 받아들일 것으로 생각하기 때문이다. 더구나 면접하기도 좋다.

제2차 예비조사 연구의 주요 목적은 직무태도 연구에 대한 이 방법을 더 발전시키고, 이 방법이 피면접자에게 더 잘 받아들여질 수 있도록 하고, 직무태도에 대한 구체적인 가설을 검증하는 데 유용한 자료를 만드는 데 있었다. 두 번째로 2차 예비조사 연구는 다음과 같은 일반적인 가설을 예비검증하기 위하여 설계되었다.

(1) 두 개의 다른 종류의 요인이 단기간 시퀀스와 장기간 시퀀스에서 발견될 것이다.

(2) 다른 종류의 태도 영향이 단기간 시퀀스와 장기간 시퀀스 동안에 보여준 직무태도에서 나올 것이다.

(3) 나쁜 감정의 둘레를 맴도는 '낮은(저직무태도)' 시퀀스와 달리, 좋은 감정의 둘레를 맴도는 '높은(고직무태도)' 시퀀스는 다른 요인에서 나오고, 또 다른 영향을 줄 것이다.

우리가 제2차 예비조사에서 면접한 회사는 다양한 프로젝트를 광범하게 취급하는 기계건축회사였다. 39명의 중간 관리인을 면접하였다. 우연히도 39명 중 6명 이외에 모두 한 종류 또는 다른 종류의 기사였다. 몇몇 사람은 회사에서 기사기능 이외의 일을 실제로 하고 있었으나 역시 배경은 기계출신이었다. 나머지는 디자인 기사, 프로젝트 감독, 또는 특수 공학적 기능을 가지고 일하는 사람이었다. 재정 또는 행정을 담당하고 있는 6명은 기계에 대한 훈련이 없었다.

우리의 질문에 대한 응답자의 보고는 1차 때와 마찬가지로 실감 있고 아주 개성적이었다. 우리들은 기술면에서, 사람들과 어울려 일하는 측면의 양면에서 특별히 성취시킨 것과 관련되는 높은 사기(고직무태도 : high feelings)에 대하여도 이야기를 들었다. 낮은 사기(저직무태도 : low feelings)로는 회사에서 일이 늘어나고, 복잡해지고, 자기의 장래가 어떻게 될 것인가에 대하여 응답자가 책임자에게 질문했는데 서로 모순된 답변을 들었을 때 생겼다. 몇몇 면접을 요약한 것이 있는데 다음과 같다.

　1. 실제 과장이 되지 않았는데 오랫동안 과장 일을 책임 맡았다. 정식 지위는 받지 못하고 그 일을 하는 데 대하여 분개하였다. 내가 그 사람 일을 하면 마땅히 과장이라고 호칭되어야 했을 것이다. 또 마땅히 돈도 더 받아야 했을 것이다.

　2. 나는 1천5백만 달러 프로젝트의 3/4에 해당하는 장비와 시설에 직접적으로 책임을 지는 부서에 보내졌다. 큰 책임을 느끼고 그것을 해내는 능력을 보여주었다. 이것 때문에 놀랄 만한 기쁨을 느꼈다.

　3. 젊었을 때 피츠버그 근처의 다리를 설계한 적이 있다. 그 다리를 볼 때마다 내가 그 다리를 설계했었다는 데 무한한 만족감을 얻었다. 지금도 그 다리를 지날 때마다 다리를 가리키며 '내가 만든 다리야.' 하며 즐거운 기분을 갖는다.

　4. 나는 책임자의 지위를 차지했다. 즉 먼저 있던 사람은 돌아오지 않을 거라는 말을 들었다. 그런데 또 전임자는 아무 때고 자기 자리로 돌아올 수 있다는 말을 회사 경영자로부터 들었다는 것이다. 마침내 전임자가 돌아왔다. 둘 다 같은 지위에 있게 됐으나 둘 다 다른 사람을 다스릴 수 있는 권한이 없었다. 우리는 둘 다 신임받지 못하는 자리에 있다는 사실을 깨달았다(뒤에 그가 사표를 냈다는 걸 알았다).

　5. 월급을 올려주겠다는 약속을 받았지만 3개월이 지나도록 실현되지 않았다. 올려준다는 약속을 하고도 올려주지 못하는 이유를 알았지만 그래도 지극히 불쾌하였다.

　6. 새로운 과정을 연구하도록 회사와 계약되어 배당되었다. 나와 다른 같이 일하는 사람이 과거에 해 오던 일을 집중적으로 연구할 기회가 주어진 셈이다. 우리들은 아주 신기한 해결책을 추구해 갔다. 일이 절정에 이르렀을 때 나는 만족했고, 또 좋다고 느꼈다. 선생님이 그렇게 됐다면 "만족하지 않겠습니까?"

다음 단계는 자료분석 절차를 개발하는 일이다. 내용분석 개발절차는 예비조사가 아닌 본 연구에서 채택한 것과 같기 때문에 여기서는 상세히 설명하지 않을 것이다.

이 예비조사 연구의 결과는 아주 고무적이었다. 사실상 모든 응답자들은 분석할 수 있는 사건의 시퀀스를 제공해 줄 수 있었다. 분석체계(analytical scheme)를 만들어 내는 데는 실제로 어려움이 많았지만 이 예비조사 연구에서 나온 다수의 이야기 속에서도 이론적으로 의미 있는 결과를 가져올 수 있었다. 피면접자 전원에게 면접의 반응에 대하여서도 질문하였다. 대부분의 응답자는 면접하는 것을 좋아했고, 부정적인 반응은 없었다.

분석적 체계와 원자료 자체를 다시 검토한 결과 방법론적으로 약점이 확실히 있음을 밝혀냈다. 실제로 있었던 일과 그 일에 대한 심리적 반응의 두 가지에 대한 응답자의 진술에 차이를 두지 않고 똑같이 취급했다는 점이다. 예를 들면 인상된 월급을 받는 데 대하여 말한 종업원과 "그것은 내가 높이 평가받고 있다는 것을 의미합니다."라고 인상된 월급에 대하여 말한 종업원은 사실상 두 개의 다른 일에 대하여 말하고 있는 것이다. 전자의 경우는 사건을 설명한 것이고, 후자의 경우는 이 사건의 과정에서 채워져야 하는 욕구에 대하여 말하고 있는 것이다.

이런 차이를 자인하고 방법 면에서 두 가지를 수정하였다.

첫째 예비조사에서 사용했던 것으로부터 마지막 본 연구절차를 개발하기 위하여, 만족 또는 불만족 태도를 가지는 동안의 사건에 대한 심리적 반응의 이야기가 우연히 나오기를 기다리는 것이 아니고, 그런 이야기가 꼭 나올 수 있도록 하는 질문을 첨가시켰다. 왜 그렇게 느꼈으며, 그런 사건이 응답자에게 어떤 의미를 주었는지를 찾아내기 위한 시도가 포함되었다.

둘째, 자료분석 체계의 성격을 예측하는 데 있어서 직무태도에 이르게 하는 요인을 두 종류로 나누었다. '제1수준 요인'은 직무태도를 가지기 전의 사태란 말로 설명되는 것이다. 그래서 제1수준 요인은 항상 응답자가 보고하는 구체적인 사건이나 사태를 말해 준다. '제2수준 요인'은 이들 사건 때문에 일어나는 욕구나 충동으로 설명되는 것이다. 각 개인의 제2수준 요인은 응답자들이 말한 감정의 이유를 캐는 질문에서 나온 대답을 분류하여 나온 것이다.

일반적으로 면접과 분석의 두 측면에 있어서 직무태도에 관계되는 요인을 찾아내는 일은 다음 두 수준에서 이루어져야 한다는 것을 알게 되었다. 즉, 대상 사건에 대한 보고와 이들 사건에 대한 개인의 심리적 반응과 사건의 해석에 대한 보고의 두 수준이다.

예비조사 결과에 의하여 연구설계상의 변경을 하나 더 하게 되었다. 보고되는 사건의 시퀀스 기간 동안 직무에 대하여 가졌던 태도의 강도에 관한 이야기가 나오지 않을 것이라고 이미 추측하였었다. 예비 시도에서도 양화(양화) 또는 척도화(척도화)된 태도측정의 필요성을 반대한 우리들의 태도는 바뀌지 않았다. 그러나 응답자들이 보고하는 사건은 개인에 대한 중요도(도)에 있어서 아주 큰 차가 있다는 것은 분명해졌다. 태도영향의 범위와는 달리 사건의 시퀀스는 본인들에게 있어서 보다 심각한 것으로 지각되었다.

우리가 찾아낸 중요성(criticalness)은 여러 요소로 구성되어 있다. 마지막으로 손질된 질문지에는 이 구성요소들을 모두 포함시키려고 노력했다.

첫째, 그 사건 때문에 응답자의 장래 경력에 어떤 확실한 변화를 가져왔는지에 대하여 질문하였다.

둘째, 어떤 개인이나 자기 회사나 자기 직업에 대한 태도에 있어서 영향을 받아 변하였는지에 대하여 질문하였다. 이 질문에 대한 대답에서 부분적이나마 '태도적' 영향을 예측할 수 있는 바탕을 이루었다.

끝으로 평가척도가 개발되었다. 여기서 어떤 사건 때문에 응답자의 감정이 얼마나 심각하게 영향받았는지 알기 위하여 21개의 눈금이 그어진 척도표 상에 표시하도록 요청하였다. 가장 중요한 고직무태도(high) 시퀀스와 저직무태도(low) 시퀀스는 척도선의 상측 양 끝에, 보통으로 중요한 사건은 중간 지점에, 사소한 사건은 선의 하측에 표시하도록 하였다. 사건 시퀀스에서 자주 나타나는 것은 척도선 중간점 이전에 놓여지고, 장기간 시퀀스의 대부분은 단기간 시퀀스보다 척도의 꼭대기(보다 중요한) 점에 가까울 것으로 기대하였다. 중요성 이상의 다른 요인들은 태도영향이 생기느냐 안 생기느냐에 결정적일 것으로 생각되기 때문에 영향의 빈도나 강도는 둘 다 이 평정 척도에 관련될 것으로 기대하지 않았다.

(2) 요 약

직접 본 연구절차의 설명에 들어가기 전에 예비조사 연구를 평가해 보고 연구 프로젝트 설계의 전면적 수정에 대하여 간단히 요약해 보는 일은 가치 있다고 본다. 연구설계의 중심핵은 사건 시퀀스의 의미였다. 그런데 이 사건 시퀀스는 직무에 대한 개인의 태도가 특별히 긍정적이거나 특별히 부정적인 것으로 본인이 결정한 기간, 즉 시간에 바탕을 둔 단위이다. 사건 시퀀스에 관한 응답자의 보고로부터, 요인-태도-영향의 3개로 된 한 쌍을 하나의 단일체제로 연구할 수 있다. 이 단일체제 내에서는 3개의 구성요소 간의 기능적 관계성이 설명될 수 있고 이들은 면접 중의 질문에 대한 답에서 뽑아낼 수 있는 것이다.

① 제1수준 요인(First-level Factors): 이 대상 설명은 자기 태도에 관련되는 것으로 응답자가 확인한 것에 특별히 강조를 두는 사건 시퀀스 동안 나타난다. 예: 승진

② 제2수준 요인(Second-level Factors): 이 요인은 응답자가 자기들 태도에 대한 이유로 들은 것을 유목화(유목화)한 것이다. 이 요인은 사건 시퀀스 기간에 충족되거나 충족되지 않은 충동이나 욕구를 추측해 내는 데 이용될 수 있다. 예: "승진은 내가 인정받았다는 것을 의미하기 때문에 좋게 느꼈다."는 응답자의 대답.

③ 영향(Effects): 생산성・전직, 인간 상호관계에 변화를 준 행위수준 이상의 태도적 영향을 찾는 질문에서 얻은 것이다. 정신건강 영향을 자세히

밝히고자 노력하였다.

　더 발전시킨 것은, 시간적으로 오랫동안 일어난 많은 복합적인 일을 포함하는 사건의 시퀀스인 장기간 시퀀스와 단순하거나 우발적인 단기간 시퀀스를 구별한 것이었다. 연구기법의 내적 합치도(단기 시퀀스와 장기 시퀀스의 비교에서) 정도를 재고, 자료의 의미에 대하여 보다 더 정보를 갖기 위하여 사건 시퀀스의 중요성을 측정하였다.

　이 연구는 전체적으로 볼 때 가설 연역적이라기보다는 탐색적(exploratory)이기 때문에 가설에 대하여는 별로 주의를 기울이지 못했다. 다시 말하면 이 예비조사의 주요 목적은 연구설계에서 제시된 예측할 것, 중요 영향들 간의 정당한 관계성이 있는지에 대한 정보를 얻으려는 것이기 때문이었다. 그러나 어떤 기본 가설은 검증될 수도 있고, 사실 검증도 되었다. 이렇게 하여 사실상 이 책의 요지가 되는 결론에 이르게 된 것이다. **주 가설은 긍정적인 태도에 이르게 하는 요인과 부정적인 태도에 이르게 하는 요인은 서로 다를 것이라는 것**이었다. 제2의 기본가설은, 사건의 장기적 시퀀스에 포함되는 요인과 영향은 단기간 시퀀스에 포함된 요인이나 영향과 다를 것이라는 것이었다.

3. 본연구의 절차

　연구방법과 검증할 일련의 가설이 정해진 다음, 전면적 연구에 착수하기 위한 장소와 전집(전집)을 결정해야 한다. 장소 선택은 지역조건에 의하여 결정되었다. 피츠버그 지역은 중공업·1차 산업·금속제조의 중심지이다. 더구나 지방공업은 기계 디자인과 제작을 주로 하고 다른 공학적 활동도 한다. 우리가 면접을 실시한 모든 회사가, 한 회사만 제외하고 이런 형태에 맞고 편리한 곳이었다.

구체적으로 다음과 같은 곳이 연구했던 장소이다.

1. 특수강철을 제조하는 중간 규모의 회사.

2. 소비물자와 군수물자를 제조생산하는 수천 명의 종업원을 고용하는 대규모 제조회사(이 회사는 전국규모 금속회사의 지점이다.)

3. 주요 기간(기간) 강철생산회사의 본점 사무소와 공장

4. 조선을 포함하여 기사기능을 하는 광범하고 다양한 직종에서 일하는 관계임원

5. 특수 강철회사의 회계직원

6. 중기계 제조를 위한 대규모 기계회사의 직원

7. 국가소유 회사의 일부인 주요 공익회사

8. 소규모 공업기구 제조자

9. 소규모 경공업기계 제조자

이 9개 회사는 규모와 활동성격 양면에 있어서 광범하고 다양하다는 것을 쉽게 알 수 있다. 지역적 특징도 여러 가지이다. 어떤 회사는 시내 중심부에 있고, 어떤 것은 교외에 있기도 하고, 사회·경제적 환경이 완전히 다른 피츠버그에서 멀리 떨어진 소도시에 있는 것도 있다. 피츠버그에서 반경 30마일 내에서 실시한 연구결과를 전국에 일반화할 수 있느냐에 의문이 제기된다. 다른 도시와 마찬가지로 피츠버그도 좀 색다른 특징은 있다. 시간과 장소에 따라 연구결과에 영향을 미치지 않는다는 보장은 할 수 없으나 우리가 택한 곳은 도시산업 장면을 대표할 수 있다고 보아 일반화할 수 있다고 본다.

우리는 각 회사에서 상당한 수의 종업원들을 면접했다. 여기서 우리는 직무태도에 대하여 회사의 조직·인사방침·사회적 분위기 등이 어떻게 영향을 주는지 분석할 수 있을 것이라는 희망을 갖게 되었다. 개인에게 시퀀스에 대한 제한은 하지 않았다. 응답자들이 최근에 있었던 일이나, 오래 전의 일이나, 현직에서 일어난 일이나, 전직에서 일어난 일들을 자유롭게 말할 수 있다는 것이 이 연구방법의 중심 특징이다. 그래서 어떤 회사에서, 어느 때

에, 어떤 일이 있었는지 자세히 알 수가 있었다.

면접자료 중에 현재나 최근의 일에 대한 이야기가 없어도 우리가 연구할 당시의 회사운영에 대하여도 무엇인가 알 수 있었다. 이 연구에서는 이것을 이용하려고는 하지 않았다. 각 시퀀스의 분석은 응답자가 말해 준 것을 그대로 따랐다. 그러나 달리 연구계획할 수도 있다. 이 연구의 면접방법을 수정하여 응답자로 하여금 비교적 최근의 일에 대해서만 말하도록 제한하고 장소를 자세히 설명하도록 할 수 있다. 이렇게 되면 환경에 대한 개인의 관점과 그 환경 속에 있는 조직체를 관련지어 연구할 수 있어 직무태도에 대한 횡적 분석이 가능하다. 이 조직 단위는 한 작업집단이 될 수도 있고 과나 회사 전체가 될 수도 있다.

(1) 모집단(母集團)

제1차 예비조사에서는 전문가와 관리자뿐만 아니라 사무직과 생산부서 근무자들과도 면접했다. 전문가와 관리직 집단은 사무직이나 생산직 집단보다 말을 잘하고, 의미를 빨리 파악하고, 또 사건의 시퀀스에 대하여도 설명을 잘하였다.

그래서 제2차 예비조사에서는 관리직과 전문직에 있는 사람으로 제한하였었다. 이런 경험을 바탕으로 하여 본 연구에서는 기사와 회계사를 표집하기로 하였다. 기사들은 자기들의 경험을 아주 실감 있게 설명할 수 있더라는 것이 제2차 예비조사 결과에서 밝혀졌다. 먼저도 말한 것처럼 이 연구는 탐색적 성격을 띠고 있기 때문에 마치 광물이 어디에 많이 매장되어 있는지 탐색하려는 사람들처럼 희망에 넘쳐 있었다.

한 직종에 치우친 표집을 가지고 일반화할 수 있느냐에 자연히 의문이 따른다. 그래서 기사 집단에만 특수한 상황이 있는지를 알기 위하여 비교집단에 대하여도 연구할 필요가 있었다. 회계사도 기사와 마찬가지로 직무에 있어서 특수한 기술이 있기 때문에 비교집단으로 골랐다. 기사와 마찬가지로 회계사도 특수한 것을 말할 수 있다. 이 두 집단은 훈련의 성질, 전문성의 정도, 하는 일의 종류에 있어서도 많이 다르고, 각각의 직무에 대하여 매력을 느끼는 사람들도 다르다. 끝으로 회계사와 기사를 표집으로 하게 되면 현대 사업에 있어서 가장 중요한 두 참모집단의 직무태도에 대하여 조사하게 되는 것이다.

자료를 얻을 수 있는 대상으로 회계사와 기사는 알맞고 2백 명 정도면 연구방법도 평가할 수 있고 일반가설도 검증하기에 충분하다고 판단되어 약 2백5)* 명을 면접하기로 했다.

(2) 표집절차

표집에 있어서 해결돼야 할 두 가지 문제가 있다. 하나는 기사와 회계사 모집단에 있어서 응답자의 대표집단이다. 또 하나의 문제는 응답자가 보고한 사건 시퀀스의 대표이다. 불행히도 모집단의 어느 집단도 매개변수를 설명하기는 어려웠다. 그러므로 엄밀한 의미에서 표집추출 절차를 정하기는 사실상 불가능하다.

첫째 표집문제 해결은 회계사와 기사가 피츠버그 산업에 있어서 대표가 되기만 한다면 기사와 회계사 둘을 교차시켜 대표로 해야겠다는 접근방법을 사용하는 것이다.

둘째 문제해결은 그렇게 간단하지 않다. 응답자들이 지금까지 가진 모든 경험 중에서 자유로이 고른 사건보고의 집단을 모으는 것이다. 이렇게 해서 우리가 수집한 정보는 응답자가 자기의 직무에 대하여 특별히 좋다고 느낀 감정이나, 특별히 나쁘다고 느낀 감정으로 확인한 사건 시퀀스를 대표한 것이다. 이것은 각 개인의 경험 중에서 체계적으로 표집한 것은 아니다. 우리 연구가 좀 특수한 방법이기 때문에 그런 체계를 세울 수는 없었다. 즉, 응답자에게 사건을 선택할 수 있는 자유가 있어야 한다.

---

* 모두 2백 명을 면접하였다.

개인이나 시퀀스 둘 다 우리가 마음대로 표집하는 방법이 없기 때문에 개인을 표집으로 뽑는 방법을 독자들에게 가능한 한 명백히 밝히는 일은 중요하다. 먼저 회사 안에서 연구할 것을 허락받는 일로부터 시작한다. 허락을 받은 다음은 회사구조와 인사에 대하여 잘 아는 사람과 협의를 한다. 다음은 면접할 사람을 뽑는 기준에 의하여 정해진 개인에게 연구에 협조해 줄 것을 부탁한다.

뽑힌 사람은 회사에서 일하는 회계사나 기사였다. '회계사'와 '기사'라는 말은 직책명이라기보다는 하는 일에 의하여 정의되는 것이다.

회계사 집단의 범위를 정하기도 쉬운 일이 아니다. 각 기관의 회계는 공인회계사와는 다른 의미가 있다. 전문적인 일을 하든지 않든지 회사에 있는 많은 사람을 회계사라 부른다. 이에 대한 우리의 해결책은 회계주임이나 회계검사관(회사 사무원이 아니라면) 수준에서부터 단순히 판단기능을 하는 최하위 계층에 이르기까지 회사의 재정활동에 참여하는 모든 사람을 표집에 포함시키는 것이었다. 사무원이나 사무원 감독에 일차적 책임이 있는 사람은 표집에 포함시키지 않았다. 고용인이 되는 회사원은 조직에 대한 이중적 관계성 때문에 직무태도가 복잡할 것이라고 생각되어 제외하였다.

기사를 표집하는 기준은 회계사 때보나 훨씬 단순하다. 무엇이든지 디자인 일을 하는 사람은 모두 포함시켰다. 보통의 세부제도공은 포함되지 않았다. 기계기사·전자기사·토목기사의 주요 부문 기사는 모두 포함되었다. 많은 기사들이 디자인 일이나 단지 기술적인 일만 하였다. 어떤 사람은 감독기능을 하고 있었다. 그렇지만 어떤 방법으로든 기사의 기능을 하고 있었다. 처음에는 생산 감독이었고, 기사 경력을 가지고 있는 사람은 포함시키지 않았다.

회사에 근무하는 사람 중에서 이런 기준에 맞는 모든 사람의 목록을 만들고, 다음에 연령·직책, 회사 내의 지위, 근무연한을 조사해 주도록 회사에 요청하였다. 그 목록에 의하여 무선 임의추출 하였다. 한 회사 내에서 가장 많이 면접한 수는 50명에 그쳤다. 한 회사만 한계가 약간 초과됐다. 대회사를 취급할 때도 표집은 무선 임의추출하였다. 표집된 사람들의 연령과 근무연한 수준을 모집단 전체의 수준과 비교하여 보았다. 모든 경우에 그렇게 했다. 면접 가능한 응답자의 수가 50 미만인 경우는 목록에 있는 전원을 면접했다.

이런 절차에 의하여 선발된 사람은 거의 다 빠짐없이 실제 면접했다. 직무 수행상 또는 휴가 때문에 몇 명이 대치되어 면접했을 뿐이다. 표집에 선발된 사람 중 극소수 사람이 면접을 거부하였다. 대치되는 사람은 인구통계적 성질이 변질되지 않는 수준에서 하였다. 면접을 꼭 해야 된다는 강제성은 없다고 분명히 밝혔지만 각 회사는 임원들에게 협조해 주도록 지시했었다.

(3) 면접절차

면접자는 피면접자와 충분히 래포(rapport)를 형성하기 위하여 온갖 노력을 다 기울였다. 연구자가 가기 전에 미리 피면접자 전원에게 준비서신을 보냈다. 그래서 면접에 앞서 이 연구 프로젝트에 대하여 일반적인 윤곽을 파악할 수 있도록 해 주었다. 응답자의 보고에 대한 비밀을 보장하고, 과학적 연구자로서의 위치를 지킬 수 있도록 회사에서는 좀 떨어진 조용한 곳에서 면접하려고 노력하였다. 자료를 수집한 결과 이런 우리의 배려가 성공적이라는 것을 알았다. 물론 우리가 듣지 못한 것은 알 수가 없는 것이다. 그러나 면접한 대부분의 사람과의 래포(rapport)는 훌륭하였다고 자부할 수 있다.

서두에 간단히 연구 프로젝트의 성격에 대해 소개하고 나서 연구자가 피면접자의 실제 경험에 대하여 관심을 갖고 있다는 것을 알려주었다. 그러고 나서 사건의 장기간 시퀀스와 단기간 시퀀스에 대하여 설명해 주었다. 피면접자에게 '당신의 직무에 대하여 특별히 좋다고 느낀 때나, 특별히 나쁘다고 느낀 때, 또 사건의 장기간 시퀀스나 단기간 시퀀스 중 어느 것이나 당신이 먼저 하고 싶은 이야기부터 시작할 수 있다는 것을 알려주었다. 제1시퀀스에 대하여 이야기가 완전히 끝난 다음 제2시퀀스에 대하여 질문하였다. 이때에는 이야기 종류를 선택할 자유는 약간 제한된 셈이다. 고직무태도(high)에 대한 이야기가 끝나면 다음엔 저직무태도(low)에 대하여, 장기간 시퀀스에 대하여 이야기하였다면 단기간 시퀀스에 대하여 요청하게 된다. 어떤 응답자는 제3의 이야기, 심한 경우는 제4의 이야기까지 계속해서 말을 이었다.

응답자에 대한 평균 시퀀스 수는 2.4였다. 이미 말한 것처럼 면접의 과정은 각 시퀀스 별로 설명할 때 제1수준, 제2수준 양 수준에서 요인과 그 영향을 찾는 것으로 되어 있다.

시퀀스의 중요성을 결정하기 위하여 제2차 예비조사에서 성안된 평정척도 방법을 이용하였다. 사건의 각 시퀀스를 말한 다음 피면접자로 하여금 21 눈금이 있는 평정척을 주고 그 위에다 사건 때문에 얼마나 심각하게 감정 (좋다 또는 나쁘다)에 영향을 받았는지 표시하도록 하였다. 척도 1은 거의 영향을 받지 않은 시퀀스일 때 표시하게 된다. 척도 21은 피면접자의 직무 경험에 있어서 가장 중요한 사건으로 심각하게 영향받은 시퀀스일 때 표시한다. 중간 정도의 감정은 양극의 점 사이에다 표시하게 된다. 각 회사에서 면접을 마친 다음 연구 프로젝트에 대한 협조에 대하여 감사하는 편지를 피면접자 각 개인에게 일일이 보냈다.

4. 면접의 분석

이 연구 프로젝트를 처음 설계할 때부터 면접에서 얻은 이야기를 내용분석 방법에 의하여 분석하려고 하였다. 내용분석 방법에는 기본적으로 두 가지 접근법이 있다. 그 첫 번째 접근법은 사전에 정의해 놓고 또 윤곽을 정해 놓은 분석체계(schematic system)에 의하여 분석하는 선험적 접근법(a priori approach)이다. 예를 들면 어떤 사람은 사실을 평가적 진술로 분류하려고 자료 자체(a body of material)에 접근할 수 있다. 두 개의 카테고리를 미리 정해 놓고, 수집된 모든 자료를 이 두 개의 카테고리에 의하여 분류하는 것이다. 심리검사 처리에서 사용하는 대부분의 분석체계는 이런 성격이다. 마찬가지로 여론조사의 대부분도 이런 방법으로 내용분석한다.

제2의 방법은 경험적 접근법(posteriori approach)이다. 이 방법에서는 분석의 카테고리를 자료 자체에서 추출해 낸다. 라스웰(Lasswell)(문헌 33)이 정의한 것처럼 이 접근법은 연구과정에서 수집된 경험자료(empirical material)라는 말로, 뜻이 담긴 카테고리를 정하는 경향을 가지고 있다.

이 연구에서는 두 접근법이 모두 가능하다. 그러나 우리는 제2의 방법을 택하기로 하였다. 문헌연구에 의하여 직무태도의 요인과 영향을 분석할 수 있는 틀(framework)을 뽑아낼 수 있다. 어떤 점에서는 이 방법을 쓰기 때문에 놀랄 만큼 연구하는 일이 쉬워질 수 있다. 면접하는 동안 이미 정해진 틀에 의하여 분류할 수 있기 때문이다. 가장 가치 있는 분석은 자료 자체(material itself)에서 얻을 수 있기 때문에 하나의 틀에 의하여 분석하지 않기로 하였다. 그래서 결과적으로 분석체계는 문헌분석에서 추출한 것이나 사실상 별로 다르지 않았다. 그러나 우리의 분석체계가 훨씬 더 데이터 자체에 바탕을 둔 것 같고, 우리의 분석 카테고리의 특징을 정의하는 것이 보다 의미 있고, 의사전달도 잘 된다는 느낌이다.

(1) 분석체계 개발방법

분석체계를 마련하는 첫 단계로 연구 팀의 한 사람이 면접에서 나온 이야기의 기록을 읽고, 그 대답을 '사고의 단위(thought unit)'로 묶었다. 사고의 단위는 감정, 감정의 단순한 특징, 또는 단순한 영향의 설명에 도달하게 한 사건이나 조건에 대한 진술이라 정의하였다. 아무 예나 몇 개 뽑아보면 다음과 같다.

　　1. 감독자가 내가 하는 일을 신임한다는 것을 내게 보여주었다.

　2. 기분 좋게 열심히 해야겠다는 것을 느끼고 일에 착수한다.

　3. 내 직무에 대하여 무관심한 태도를 내게 보여주고 일이 잘 되어 가는지 안 되어 가는지 주의를 기울이지 않았다.

　4. 불필요한 일로 시간을 허비하였다. 직무가 끝난 다음에야 그건 일한 것이 아니고 그 사람이 일하러 올 때까지 그저 앉아 있었다는 것을 알았다.

　5. 도대체 일하는 이유가 있는지 알고 싶다.

　6. 일이 완성되는 것을 볼 수 있을 것이다.

　전체 면접에서 5천 개의 사고단위 표본을 3×5의 색인 카드에 3부씩 타이프를 쳤다. 이것을 두 연구원이 각각 따로 분류하였다. 같이 묶을 수 있을 것 같은 카드를 한 묶음에 넣는 방향으로 작업을 하였다.

　사고단위의 묶음으로 분류한 두 연구원은 다시 모여서 검토할 수 있도록 이름을 붙였다. 두 사람의 분류 사이에서 중요한 차이가 있는 것 몇 개를 발견했다. 그러나 몇 개의 카테고리는 세분하고, 몇 개는 합치고, 새로운 카테고리를 만들고 하여 임시로 분석할 수 있는 근거를 만들어 놓았다. 물론 세 집단의 카테고리, 즉 제1수준 요인, 제2수준 요인, 영향으로 나누었다. 각 카테고리에는 그 안에 여러 개의 하위 카테고리가 있다. 여러 종류의 구체적인 사고단위(사고단위)를 포함하고 있는 이 하위 카테고리는 주 카테고리 안에 들어가는 것이다.

　일단 카테고리 체계가 마련되면 세부 분석의 일이 시작된다. 각 시퀀스를 조심해서 읽는다. 그 시퀀스에서 발견된 요인과 영향을 확인하고 카테고리 체계대로 분류한다. 장기간 또는 단기간 시퀀스를 확인하는 기준도 또한 개발하였다.

　분석하는 중에 분석체계를 가끔 변경시키기도 했다. 샘플에서 체계를 만들어 내는 것인데 샘플에 없는 사고단위가 들어 있는 사건의 시퀀스를 발견했을 때 주 카테고리에다 새로운 구체적인 것을 첨가시키는 것이 변경의 대부분이었다. 분석과정에는 주요한 체계변경은 없었다.

전체적으로 4백 76 시퀀스가 기준에 맞아 코딩(coding)했다. 처음 82개는 두 연구원이 각각 따로 코딩하고 제3자가 검사했다. 코딩상 일치하지 않는 것은 세 연구원이 상의하고 합의하게 되는 것이다. 그 후는 연구원 중 한 사람이 시퀀스를 코딩하고 다른 한 사람이 마침내 7시퀀스에서 하나에 독자적으로 코딩하였다. 코딩하는 연구팀의 다른 두 연구원이 시퀀스가 체크되었는지 안 되었는지 검사하고 판단이 일치되지 않는 것은 협의하였다. 처음 37시퀀스에서 연구원 사이에 불일치가 일어날 수 있는 39카테고리에는 시퀀스당 평균 2.54의 불일치가 있었다. 다음 28시퀀스에는 1.93의 불일치가 있었고, 다음 16시퀀스에는 2.0의 불일치가 있었다. 두 사람의 독자적인 코딩과 제3자에 의한 추가 체크에서 95%의 일치를 보았다. 그래서 우리는 신뢰할 수 있는 데이터로 충분히 객관성을 지닐 수 있는 분석이라고 생각한다.

5. 사건 시퀀스의 정의

우리의 분석은 다섯 부분으로 되었다. 첫째, 응답자의 말을 묘사하는 것, 둘째, 사건 시퀀스의 전반적인 묘사, 셋째, 각 시퀀스에 있어서의 객관적 상황의 묘사(제1수준 요인), 넷째, 말하는 사람의 욕구·동기·인지의 묘사(제2수준 요인), 다섯째, 행위의 묘사와 태도의 다른 영향의 다섯 가지이다. 이 장에서는 사건의 시퀀스 별로 우리가 의미하는 바를 좀더 정확히 설명하고자 한다.

설명에 들어가기 전에 사건 시퀀스가 의미하는 바를 명백히 알아야겠다. 그래서 다음과 같은 기준을 먼저 제시하고자 한다.

첫째, 시퀀스는 하나의 사건이나 일련의 사건을 심사숙고해야 한다. 다시 말하면 객관적 사건이라야 한다. 응답자의 보고가 완전히 말하는 사람의 심리적 반응이나 감정에만 관계되어서는 안 된다.

둘째, 사건의 시퀀스는 시간에 근거를 두어야 한다. 즉, 시퀀스는 시초와 중간부분이 확인되어야 하며, 현재 계속되는 사건이 아니라면 결말이 확실해야 한다. 그렇다고 드라마적이거나 돌연적이어야 한다는 이야기는 아니다.

셋째, 이야기는 직무에 대한 감정이 좋게 느껴지거나 특별히 나쁘게 느껴지는 시기에 대한 것이라야 한다. 눈에 띄게 양쪽 감정으로 왔다 갔다 하기 때문에 매우 높은 수준이지만 이런 기준에 맞지 않는 것을 수많이 애기하는 것을 들었다. 이런 이야기에서는 사기에 아주 해롭게 영향을 주는 극단의 긴장이 직무에 대한 고도의 정적(정적) 감정과 동시에 일어나는 것이다. 이러한 갈등상태에 있는 개인에 대하여 연구한다는 것도 아주 흥미 있는 일이다. 그러나 이런 개인연구는 이 연구의 주요 관심이 아니기 때문에 추적해 가지 않았다.

넷째, 이야기는 이 연구표집 범위 안에 있는, 즉 기사와 회계사 일에 관계되는 것이라야 한다. 그래서 지금은 기사이지만 과거 노동자였던 때에 대하여 이야기한 것은 연구 자료로 받아들이지 않았다. 그러나 여기에도 예외는 있다. 전문적인 일에 대하여 열망하는 이야기나 준전문수준에서 전문수준으로의 이동에 관한 이야기는 포함시켰다.

다섯째, 이야기는 직무에 대한 응답자의 감정이 직접적으로 영향을 받는 상황에 관한 것이라야 하지 직무와 관련되지 않은 사건이 원인이 되는 것이어서는 안 된다. 하지만 개인적 요인(personal factors)이 개인의 직무태도에 어떤 작용을 하는 이야기는 받아들이기도 했다. 그러나 개인의 태도에 영향을 미친 근본 발단이 사사로운 사회생활이나 결혼, 부모의 사망 같은 시퀀스는 포함시키지 않았다.

(1) 장기간 시퀀스와 단기간 시퀀스

장기간 시퀀스(Long-Range Sequences)와 단기간 시퀀스의 분류는 앞에서 이미 설명한 바와 같은 기본 기준에 따라 한다(제2장 참조). 우리가 코딩할 때 응답자들이 가끔 사건의 실제 전 기간을 이야기하고 그 사건에 의한 감정의 기간은 따로 이야기하기 때문에 혼란이 야기되기 쉽다는 것을 알았다. 기간의 분류는 전적으로 사건의 기간에 근거를 두고 감정이 지속된 기간은 따로 분석하였다.

이 분석은 오랫동안 지속되는 결과를 낳는 사건과 그렇지 않은 사건의 단기간 시퀀스를 구별할 필요가 있기 때문에 아주 중요하다. 장기간 시퀀스는 감정의 기간과 사건의 기간이 일치하기 때문에 별 문제가 안 되어 감정의 기간을 분석하는 일은 단기간 시퀀스에 우선 강조점을 두었다.

우리가 분류한 결과, 네 종류의 단기간 시퀀스가 있었다. 그 하나로는 사건의 기간과 감정의 기간이 대략 일치하는 것이다. 대략 사건의 기간과 일치하여 날카로운 감정이 일어났다 사라지거나 아니면 사건이 끝난 직후에 감정도 사라지는 것이다. 여기서는 지속적인 영향이 없다. 우리는 피면접자가 면접하는 동안 '냉정한 감정(cold emotion)'을 가지고 사건을 회상하도록 하였다.

둘째 종류의 단기간 시퀀스에서는 감정이 끝난 후 오래 계속되는 것이다. 예를 들면 자기가 제안하였던 프로젝트는 바뀌어 버렸는데, 아직도 그에 대한 감정은 '타오르고(burned up)' 있다고 보고하는 경우이다.

셋째 종류의 단기간 시퀀스에서는 감정도 일단 사라졌지만 어떤 자극을 받을 때마다 되살아난다고 보고하는 경우이다. 예를 들면 "승진되어 일을 다 처리하지 못한 채 후임자에게 넘겨주고 다른 일을 맡았을 때 겁이 났어요. 내가 하던 일을 맡은 사람의 사무실에 갈 때마다 내가 하던 일에 대하여 끔찍한 감정을 느껴요."라고 어떤 사람이 말하는 것이다.

넷째 종류의 단기간 시퀀스는 감정이 변하는 경우, 즉 처음에는 매우 날카로웠으나 차차 흐려지지만 그렇다고 완전히 정상으로는 돌아오지 않는 경우이다. "마침내 내가 문제를 해결하였다는 것을 알았을 때 내 마음은 연[연]만큼이나 높아졌다. 물론 잠시 후 정상으로 돌아왔지만 기쁜 마음은 수개월 지속되고, 내가 하는 모든 일은 정말 즐겁게만 되었다."는 이야기 같은 것이

다. 이 제4의 단기간 시퀀스는 코딩하는 중에 확인하고 다른 것은 사정에
따라 분류하였다.

앞에서 이미 논하는 동안 말하였지만, 마침내 너무도 의미가 없었던 분석
은 사건 시퀀스가 끝날 때의 상황을 묘사하는 것이었다. 감정이 어떻게 끝나
느냐는 산업에 있어서 아주 큰 관심거리라고 생각하였다. 그 이유는 전문 상
황에 대한 감정의 반응을 다루는 데 어떤 단서를 제공해 주기 때문이다. 심
리학자에게 있어서 시퀀스의 끝나는 모양을 분석한다는 것은 중요하다. 특히
Low의 경우는 개인이 어떻게 좌절상태를 피하거나 제거하는지에 대하여 어
떤 힌트를 주기 때문에 더 중요하다.

다음과 같이 감정이 끝날 것이라고 예기되었다. 즉, 감정이 동시에 깨끗이
사라지거나 자기 힘으로 자제할 수 없는 외적 요인에 의하여 끝나거나 문제
를 해결하려는 개인의 노력 또는 육체적·심리적으로 도피하려는 개인의 노
력의 성공으로 끝나는 3종류가 있을 것이라고 예기하였던 것이다.

(2) 6개의 기본집단

끝으로 시퀀스를 설명하는 모든 정보에 의하여, 사건의 각 시퀀스를 6개
의 기본집단 중 어느 하나에 속하도록 분류하였다. 이 분류에는 3개의 차원
이 포함되었다. 그중 첫째는 높으냐 낮으냐의 영향의 방향이다. 둘째는 시퀀
스의 기간이다. 셋째가 시퀀스의 기간과 감정의 기간과의 관계성이다. 장기
간 시퀀스는 모두 장기간의 감정을 가진 것으로 생각되기 때문에 이들 3차
원의 8개의 가능한 조합을 모두 택하지 않고, 6개만 취하기로 하였다.

이 6개의 집단은 다음과 같다.

  1. 장기간의 High(고직무태도)
  2. 장기간의 Low(저직무태도)
  3. 단기간의 감정 – 단기간의 High

    4. 장기간의 감정－단기간의 High
    5. 단기간의 감정－단기간의 Low
    6. 장기간의 감정－단기간의 Low

마지막으로 장기간 시퀀스와 단기간 시퀀스의 구분은 이야기를 수집하는 것만큼이나 중요하지만, 감정의 기간에 근거한 차이에 비하면 의미가 적다는 것이 밝혀졌다는 데 우리는 주목해야 한다. 그러므로 대부분의 결과는 태도 기간의 다음 4그룹을 위해서 제시되었다.

    1. 장기간의 고직무태도(High)에서 단기간의 고직무태도(High)의 장기간의 감정
    2. 장기간의 저직무태도에서 단기간의 저직무태도의 장기간의 감정
    3. 단기간의 고직무태도 중에 나온 단기간의 감정
    4. 단기간의 저직무태도 중에 나온 단기간의 감정

6. 직무태도 요인의 정의

내용분석을 할 때 같은 변인에 대한 다른 이야기들을 비교할 수 있도록 면접에서 들은 태도 이야기에서 요소를 분리시키려고 하였다. 여기서 고려해야 할 가장 중요한 변인은 아마도 태도가 왜 변하느냐 하는 것이다. 무슨 일이 일어났으면 응답자의 태도에 어떤 변화를 가져왔느냐를 알아야 했다. 요인은 일어난 일과 일어난 일에 대하여 표현된 감정을 대표하는 것으로 우리가 결정한 용어이다. 이런 용어에 따른 의미가 사람에 따라 다를 수 있고 실지로 다르기 때문에 용어의 의미를 정확히 정의할 필요가 있다. 다음의 정의는 이 연구의 분류자(coders)가 사용한 것이다.

(1) 제1수준 요인

이미 말한 바와 같이 제1수준 요인(First-level Factors)은 직무에 대하여 좋은 감정이나 나쁜 감정을 가지게 하는 근원으로, 응답자가 찾아낸 사태의 객관적 요소라 정의한다. 이 절에서는 앞으로 결과의 논의에 이르기까지 사용되는 용어가 의미하는 바를 명확히 이해할 수 있도록 카테고리의 하나하나에 대한 기준을 설명하고자 한다. 이들 요인은 중요한 순서로 나열한 것이 아니고 코딩 체계에 나타난 순서이다.

① 인정감(Recognition)

이 카테고리의 주요 기준은 피면접자에 대한 인정행위이다. 누구로부터 인정을 받느냐의 원천은 거의 모든 사람이 될 수 있다. 즉, 감독자, 관리직에 있는 사람, 비인간적인 경영・고객・전문가・동료・대중, 관심・칭찬・비난 같은 행동도 이에 속한다. 이 카테고리에는 '부정적 인정(negative recognition)'이라 부르는, 즉 비평 또는 비난의 행동도 포함되어야 한다고 느꼈다. 이 요인의 하위 카테고리에서는 인정의 행동과 함께 보상이 따르는 상황과 구체적 보상이 따르지 않는 상황으로 구별하였다. 여기에는 승진이나 임금인상 같은 중요 사건이 행동으로 나타나는 시퀀스, 말로 인정해(verbal recognition) 주지는 않지만 응답자가 인정감의 근원이라고 느끼는 시퀀스 등 많은 시퀀스가 포함된다는 데 주의해야 한다. 이런 시퀀스들은 '제2수준 인정(Recognition second level)'으로 분류하였다.

인간 상호관계란 독립된 카테고리가 있으니 어디까지를 인정감으로 분류하고, 어디까지를 인간 상호관계로 분류하느냐고 의문을 가지는 사람이 있을지 모른다. 이 구별은 인정행동(인정행동)에 강조점을 두느냐, 상호작용 특징에 강조점을 두느냐에 따라 구별한다. 응답자의 이야기가 응답자와 감독자・동료・하위자 등과의 상호작용의 성격을 특징짓는 이야기가 포함되었다면 이때의 시퀀스는 인간 상호관계에 분류한다. 그러나 강조점이 단지 인정

행동에 주어진다면 이때는 인정감에 분류된다.

② 성취감(Achievement)

성취감의 정의에는 성취의 반대현상, 실패, 성취가 없는 것도 또한 포함시켰다. 좀 특별히 성공내용이 들어가는 이야기는 이 카테고리에 들어가고, 직무의 성공적인 완성, 문제의 해결, 변명, 결과를 눈으로 확인할 수 있는 것 등이 포함된다.

③ 성장가능성(Possibility of growth)

어떤 사태에다 객관적 요인으로 가능성을 포함시키는 것은 좀 역설적일지 모른다. 그러나 응답자가 성장에 대한 가능성이 현재 증가되었다, 또는 줄어들었다고 하는 객관적 증거가 나타나는 상황의 변화에 대하여 우리에게 말하는 시퀀스가 있었다. 이런 한 예는 응답자가 한 회사 내에서 올라갈 수 있거나 또는 그 반대의 가능성을 공식적으로 내포하는 신분상의 변화이다. 예를 들면 한 사람이 공장(공장)의 위치(craftsman's position)에서 기술직(draftsman)으로 이동한다면 새로운 신분은 이미 펼쳐진 것이다. 그래서 결국 그는 기계설계의 지위로 올라가거나 아니면 기사훈련 프로젝트까지 올라갈지 모른다. 이것이 그에 대한 변화의 일부라고 응답자가 말했다면 성장가능성 제1차 수준 요인으로 고려되는 것이다. 이와 마찬가지로 응답자가 공식적인 학력의 부족으로 인하여 회사 내에서 승진하기가 불가능하다는 말을 하였다면 이때는 '부적(negative)' 성장에 대한 가능성으로 분류된다.

그러나 성장가능성은 다른 의미도 함축되어 있다. 이것은 단지 한 개인이 그 조직 내에서 상위로의 이동뿐만 아니라 기술과 전문성에 있어서의 향상도 의미한다. 그래서 이 카테고리에는 어떤 상황에 있는 새로운 요소 때문에 응답자가 새로운 기술을 배우게 되거나 전문직으로의 전망에 대한 이야기도 포함된다.

④ 승진(Advancement)

이 카테고리는 회사 내에서의 신분 또는 지위상의 실제적인 변화가 있을 때만 사용되었다. 회사 내에서 신분상의 변화는 없이 다만 책임 있는 일을 할 수 있는 기회가 주어진 자리로 이동했을 때는 확대된 책임으로 간주하고 (이에 대한 카테고리도 있다.) 공식적인 승진으로 보지 않았다.

⑤ 보수(Salary)

이 카테고리는 보상의 역할을 가지는 모든 시퀀스를 포함시켰다. 임금이나 봉급의 인상, 실현을 보지 못한 봉급의 증액에 대한 기대 등이 포함된다.

⑥ 인간상호관계(Interpersonal Relations)

어떤 사람은 인간 상호관계가 거의 모든 시퀀스에 해당될 것이라고 생각할지 모른다. 인정이나 회사 내의 신분상의 변화나 회사 또는 경영방침이 관련되는 상황에서는 인간관계가 필연적으로 작용하게 마련이지만 응답자와 다른 사람과의 상호작용의 성격에 대하여 실지로 언급하는 이야기만 인간 상호관계로 분석하기로 제한하였다. 다음 세 개의 주요 카테고리를 정했다.

> 인간 상호관계-상급자
> 인간 상호관계-하급자
> 인간 상호관계-동료

이 3개의 카테고리 각각에 일련의 하위 카테고리를 두었는데 이것은 응답자와 다른 사람과의 상호작용의 여러 상황을 설명하기 위해서이다. 이 하위 카테고리를 보면 순전히 사회적인 인간 상호관계성의 성격과 브라운(J. A. C. Brown)(문헌 9)이 말한 '사회기술적(sociotechnical)'인 것을 구별할 수 있을 것이다. 이 이야기에는 직무수행에 있어서 사람들이 상호작용할 때 생기는 인간 상호관계가 포함된다. '순 사교적(purely social)' 이야기는 근무시간 내에 일어나는 것이고, 직무활동과 동떨어지지 않은 일을 하는 동안에 일어나는 상호작용과 관련되는 것이다. 커피 시간의 우정(a coffee-break friendship)이나, 칼로 물 베기식 불화(a water-cooler feud) 같은 것이 예가 된다. 그러나 이미 말한 것 같은 순 사교적 이야기는 사실상 없었다. 그 이유는 확실치 않다. 면접지시 방법 때문인지, 피면접자의 특성 때문인지, 회사 내의 인간 상호관계의 성격이 예상된 대로 작용하지 못한 때문인지는 모르지만 현재로서는 결정할 수 없다.

⑦ 감독-기술(Supervision-technical)

감독자가 감독하는 행위와 감독자와의 인간 상호관계성의 특성을 서로 구별하기는 어렵지만 그게 그렇게 불가능한 것만은 아니다. 우리들은 분석연구원이 독립적으로 분석했는데도 아주 높은 신뢰성이 있는 것으로 나타났다. 이런 고도의 신뢰성을 가지고 인간 상호관계성의 특징에 관계되는 사건 시퀀스를 확인할 수 있고, 또 감독-기술 카테고리에 분류되는 감독자의 자격·무자격·공정·불공정 등이 중요 특징이 되는 사건 시퀀스를 확인할 수 있었던 것이다. 감독자가 책임을 위임하기를 좋아하느냐 싫어하느냐, 또는 가르쳐주기를 좋아하느냐 싫어하느냐에 대한 이야기는 모두 이 카테고리에 분류될 것이다. 항상 잔소리하거나 비난하는 감독자와 이래도 '흥', 저래도 '흥' 하는 감독자, 두 가지 형이 모두 직무에 대한 특별한 감정으로 이끄는 사건 시퀀스에 들어가는 요인으로 보고된다.

⑧ 책임감(Responsibility)

책임과 권위에 관한 요인이 이 카테고리에 들어가는데, 자기 자신이나 다른 사람의 일에 대한 책임, 또는 새로 맡은 책임에서 만족을 얻는다고 보고되는 사건 시퀀스가 이에 포함된다. 또 책임을 안 줘서 만족할 수 없다거나, 부적(부적) 태도의 이야기도 여기에 포함된다. 그러나 한 사람의 권위와 자기 직무책임을 수행하는 데 요하는 권위 사이에는 넓은 갭이 있다고 하는 경우에는 '회사방침과 행정' 요인으로 확인된다. 이것을 어떻게 합리적으로 설명할 것이냐에 있어서 이것은 권위와 책임 사이의 모순은 경험의 잘못으로 보는 것이다.

⑨ 회사방침과 행정(Company Policy and Administration)

이 카테고리는 회사의 전반적인 측면이 하나의 요인이 되는 사건 시퀀스의 구성요소이다. 우리는 두 종류의 전반적인 회사방침과 행정특징을 찾아냈다. 그 하나는 적절 또는 부적절한 회사조직과 경영에 관계된다. 그래서 종업원이 누구를 위해서 일하는지 모르는 상태의 의사소통도 있을 수 있다. 이런 경우는 일을 만족스럽게 성취하기에는 적당치 못한 권위 때문이거나, 일을 알맞게 조직하지 못했기 때문에 회사방침이 제대로 실현되지 못하는 것이다.

두 번째 종류의 전반적인 회사의 특징은 부적절 문제가 아니고, 회사방침이 해를 끼치느냐 이로운 효과를 얻느냐 하는 문제이다. 주로 인사방침 문제이다. 이 방침이 부적으로 보일 때 비효과 문제가 아니라 '해악(malevolent)'으로 설명되는 것이다.

⑩ 근무환경(Working conditions)

이 카테고리는 물리적인 작업환경 · 작업량, 일하는 데 편한 시설에 관한 이야기가 포함된다. 통풍 · 조명 · 도구 · 면적 같은 환경의 적 · 부적의 문제이다.

⑪ 일 자체(Work Itself)

일 자체는 응답자가 좋은 감정이나 나쁜 감정의 근원이라고, 직무행위나 해야 할 직무의 과업에 대하여 말하였을 때 사용된다. 그래서 직무는 일상적이 아니면 변하고, 창의적이거나 무의미하고, 아주 쉽거나 몹시 어려울 수 있다. 지위에 따른 의무가 전 작업을 통해서 이루어질 수 있는 기회가 될 수 있거나 아니면 그 미미한 측면으로 제한될 수 있다.

⑫ 개인생활 요인(Factors in Personal Life)

이미 지적한 것처럼 설사 좋은 감정이나 나쁜 감정이 직무에 영향을 주었을지라도 처리에 아무 상관을 갖지 않은 순전히 개인생활 내에서 생긴 요인은 시퀀스로 받아들이지 않도록 하였다. 그러나 직무의 어떤 측면이 개인생활에 주는 영향이 직무에 대한 응답자의 감정의 요인 때문일 때는 받아들이기로 하였다. 예를 들면 근무지를 옮기면 가족에게 불리하게 되는데 새 지역으로 전출하라고 회사가 요구하였다면 이런 경우는 타당한 사건 시퀀스로 받아들여 '개인생활' 카테고리에 분류하였다. 이와 비슷하게 봉급에 대한 가족의 욕구나 직무 상황 때문에 생기는 다른 가정문제도 여기에 분류되었다.

⑬ 신분(Status)

다른 요인을 다룰 때 신분요인으로 고려해야 되지 않을까 하는 함정에 빠지기 쉽게 된다. 예를 들면 승진은 신분상의 변화가 들어가니까 신분으로 분류되어야 할 것으로 고려될지 모른다. 그러나 그렇지 않다. '신분'이 직무에 대한 감정에 하나의 요인이 되고 또 신분의 표시나 신분에 따른 부속물 같은 것에 대하여 말했을 때만 여기에 코딩했다. 그래서 새로운 지위에서 비서를 쓰게 됐다든가, 회사 차를 쓰게 됐다든가, 회사 식당을 이용하지 못하게 됐다든가 하는 이야기를 한 사람은 이 카테고리에 분류되었다.

⑭ 직무안정(Job Security)

이 요인은 제2수준 요인으로도 분류하기 때문에 여기서는 안정감(feelings of security)은 취급치 않고 다만 직무안정이 보장된다, 안 된다 하는 객관적 증거만 취급한다. 그래서 임기기간과 회사의 안정성이나 불안정성 같은 것을 고려하였다. 이런 임기나 회사의 안정·불안정이 개인의 직무안정에 객관적인 방법으로 반영되었다.

(2) 제2수준 요인(Second-Level Factors)

제2수준 요인으로 분석되는 자료는 "이 사건이 당신에게 어떤 의미를 주었습니까?" 하는 질문에 대한 응답자의 대답에서 나온 것이다. 본질적인 면에서 자기 자신을 돌아보고, 자신의 욕구와 가치체계에 있어서 사건을 설명하는 그때에 직무태도에 이르게 하는 것을 찾아내려고 하였다. 어떤 응답자들은 이 자기검토(self-examination)에 있어서 다소 성공적이었다. 제2수준 요인에 관한 정보는 각 응답자가 자기의 감정을 언어화할 수 있어야 하고, 대답이 사회적으로 수용되어야 하고, 현실의 지각에 근거해야 한다는 제한점이 있다. 끝으로 응답자가 자기통찰을 할 수 있는 능력이 있어야 한다는 제한점도 있다. 또 이 연구는 사람들이 말한 자료만을 가지고 연구해야 한다는 점이다. 즉, 응답자가 밝히기 싫어서 고의로 말을 않거나 말할 수 없는 것은 우리로서는 어쩔 수 없이 모르게 되는 것이다.

가장 중요한 분석의 하나에서는 제1수준 요인이나 응답자가 자기감정을 추출한 요인을 확인하는 것이다. 이리하여 인정감은 칭찬의 말, 승진이나 영전, 새로운 직무과제에 나올 수 있는 것이다. 이런 것들은 장점을 인정받았다는 의미를 응답자에게 준다. 이렇게 추출 확인된 요인은 추측에 근거를 둔 것이 아니고 어디까지나 주체인 응답자의 언어적 반응에 터한 것이다. 사건의 각 시퀀스마다 제2수준 요인이 확인되고 또 제1수준 요인에서 추출된 것이 표시되었다.

제2수준 요인에 대한 분석체계(analytical scheme)를 자세히 설명할 필요는 없다. 그 이유는 여기서는 사건적 의미로만 사용되었기 때문이고, 또 분석체계의 보기는 '제2수준 인정' 식으로 표현될 뿐이기 때문이다. 다음은 이 인정요인에 대한 하위 카테고리의 보기이다.

1. 제1수준 요인은 인정감의 근원이라고 지각된다.
2. 제1수준 요인은 인정을 받는 데 실패한 근원으로 지각된다.

3. 제1수준 요인은 불승인의 근원으로 지각된다.

나머지 하위 카테고리는 생략한다.
제2수준 요인의 전체 목록은 다음과 같다.

1. 인정감
2. 성취감
3. 가능한 성장감, 성장에 대한 기대, 실제 성장한 증거로 지각된 제1수준 요인
4. 책임감, 책임이 적음, 감소된 책임
5. 집단의식 : 소속감 또는 고독감, 사회기술 또는 순 사교성
6. 직무수행에 대한 흥미감 또는 흥미 없음
7. 향상된 신분 또는 저하된 신분
8. 증가된 안정감 또는 감소된 안정감
9. 공정감 또는 불공정감
10. 긍지 또는 무능감, 죄책감

7. 직무태도 영향의 정의

태도의 영향을 분석하는 일은 응답자가 구체적인 말로 지적해 줘서 비교적 간단하였다. 응답자가 바뀐 직무태도의 영향에 대하여 자유롭게 말해 주지 않을 때는 다음과 같은 질문으로 알아내려 하였다.

---

* 이 요인은 돈이 가져올 수 있는 일의 근원이라고 처음에 제1수준 요인을 보았던 상황을 커버하는 데 포함되었다. 만일 "승진이 왜 좋다고 느껴졌습니까?" 하는 질문에 대한 대답이 "돈을 더 벌 수 있다고 생각했기 때문입니다."였다면 그때는 제2수준 요인은 '보수'로 분류된다.

   1. 이런 감정이 당신의 직무를 수행하는 방법에 영향을 주었습니까? 어떻게요? 얼마 동안이나 계속되었습니까?

   2. 당신의 직무수행이 어떻게 영향받았는지 구체적인 예를 들어줄 수 있겠습니까? 얼마나 오랫동안요?

   3. 일어난 일이 어떻게 개인적인 면에서 영향을 주었습니까? 얼마나 오랫동안?

   4. 일어난 일이 회사에서 하는 일에 대하여 느끼는 데 영향을 주었습니까? 일어난 사건이 일어난 일 자체에 대하여 좋게 느끼게 했습니까, 나쁘게 느끼게 했습니까?

   5. 일어난 일의 결과 때문에 그때 당신의 경력에 영향을 주었습니까? 어떻게요?

   6. 일어난 일 때문에 당신의 직업에 대하여 느끼는 데 영향을 주었습니까? 어떻게?

주요영향 카테고리에는 과거에 그리 분명하게 정의되지 못했던 기준뿐만 아니라 산업심리의 문헌연구에서 나타난 대개의 기준측정이 모두 들어갔다.

① 직무수행 영향(Performance Effects)

이 연구의 응답자의 대답에는 세 종류의 직무수행 영향이 있었다. 그 하나는 일이 보통 때보다 더 좋아졌다거나 나빠졌다는 둘 중의 하나로 그 기간에 대한 일반적 코멘트이다. 응답자는 직무수행의 일이 어떻게 변했나 그 정확한 성격에 대한 구체적인 설명을 하지 않는 것이다. 이런 일반적인 코멘트는 우리가 신뢰할 수 있는 최소한의 자료임에도 불구하고 응답자들은 자기의 일이 더 잘 된다거나, 더 일이 잘못된다고 다른 사람들이 지각하였다고 말하였다. 그래서 직무수행 영향에다 일반적 진술도 포함시키기로 하였다.

둘째는 일의 질에 있어서의 변화가 아니라 일의 양에 있어서 변화가 있었다는 이야기를 들었다. 여기서 산출에 있어서 처지거나, 산출의 속도가 올라갔다는 다소 구체적인 이야기를 들었다. 예를 들면 한 기사는 사기가 높을 때 새로운 디자인을 해내던 스피드에 대하여 말하고 한 회계사는 사기가 낮을 때 보고서 준비가 늦어졌다고 말하였다.

세 번째 종류의 직무수행 영향은 일의 질에 있어서의 변화에 대한 이야기로 되어 있다. 이것은 대개 구체적인 이야기였다. 문제해결 능력에 있어서 변화가 있었다는 이야기나 그 반대로 직무에 대한 거부 감정 때문에 일이 자기가 할 수 있는 수준 이하로 떨어진 형편에 대한 이야기도 들었다.

"이것이 직무를 수행하는 방법에 영향을 주었습니까?" 하는 질문에 대한 반응이 단순한 부적(부적) 진술이 아니고, 직무에 대한 감정 때문에 일을 하는 데 방해를 조금도 받지 않게 되었다는 사실에 대한 긍정적 이야기를 하는 경우를 포함할 수 있도록 부가적 카테고리도 있어야 했다. 이것은 아주 일반적인 이야기였다. 이것이 일의 표준이 저하되는 것을 방지하는 데 있어서 전문적 프라이드의 실제 영향을 대표하는지 또는 그것이 자기 정당화와 합리화를 대표하는지는 분간하기 어렵다.

② 전직(Turnover)

이 일반적인 제목 아래 하나의 연속 카테고리가 있을 수 있다. 이 연속선의 한 극에는 응답자가 실제로 사직하는 사태가 있고 다른 반대 극에는 긍정적 감정이 넘쳐 다른 매력적인 직장에서 유인하는 제안을 거절하는 사태가 있다. 이 양극 사이에 여러 가지 이탈에 대한 이야기가 낀다. 부적 직무 태도 기간에는 응답자들이 다른 직장으로 나가기 위해 친분을 찾고, 만나 면접도 한다. 그렇지 않으면 멀지 않아 신문의 구인광고를 읽게 될 것이다. 좀 약한 이야기로 어느 신중론자가 "사표를 낼까 하다 그만뒀지요." 하는 정도일 것이다. 영향을 통계 분석하는 데 있어서 응답자가 단지 '사표를 낼까 생각했다.'는 시퀀스의 영향과 실제로 사표를 내거나 아는 친분을 찾는 적극적이고 구체적인 행동적 영향을 구별하기란 항상 가능하다. 끝으로 응답자들이 설명하는 사건 때문에 직장을 떠나는 즉각적인 결정을 내리지 않고 나중에야 직업 전환을 결정하게 되었다는 이야기도 자주 들었다.

③ 정신건강 영향(Mental Health Effects)

응답자의 정신건강에 대한 직무 상황의 영향은 면접시에 많이 드러났다. 긍정적 영향도 있었다. 예를 들면 긴장감 해소, 체중의 증가, 과도한 음주나 흡연 같은 해로운 짓을 그치게 되었다는 이야기 같은 것이다.

그러나 이 카테고리의 대부분이 부정적이었다. 이 부정적인 정신건강 영향을 세 종류로 구분할 수 있었다. 이 중의 첫째는 가장 심각하지만 대신 아주 드문 영향인데 정신작용병적 영향이었다. 이런 영향은 응답자 자신과 직무긴장과 피부병·위궤양·심장병 등이 튀어났다는 것과 관련짓는 이야기에서 나왔다. 병을 진단하거나 의사의 치료를 받았다는 상황을 이 카테고리에 넣을 것이냐 제한할 것이냐에 조심하였다.

둘째 카테고리는 긴장과 관련된 생리적 변화에 관한 이야기였다. 즉, 이런 변화는 실제 신체적 증상으로 나타났으나 병 진단에까지 이른 것은 아니다. 예를 들면 구역질·구토증, 심한 두통, 현격한 식욕저하 현상 등이다. 수면부족은 따로 분류하였다. 이 증세는 정신건강 변화증세로는 아주 자주 보는 것이기 때문이었다.

끝으로 긴장으로 인한 아주 넓은 증세에 대하여 주목하였다. 여기엔 뚜렷하고도 많은 불안상태가 있었다. 물론 한 시간 면접을 가지고 응답자의 성격 역동성까지 깊이 파고들기란 거의 불가능하였다. 그래서 직무긴장과 불분명한 신경증 경향까지는 파악할 수 없었다. 그러나 이런 불안상태가 직무압력 때문에 생겼다고 설명하는 빈도는 알 수 있었다.

④ 인간상호관계 영향(Effects on Interpersonal Relationships)

본 연구에서 사용된 면접형태에 대하여 논의할 때 밝혀진 것과 같이 인간 상호관계에 대한 영향에 관하여 응답자에게 질문하였다. 이것은 인간 상호관계의 개선 또는 악화로 분류될 수 있다. 그래서 어떤 사람은 직무긴장의 결과 아내와의 사이가 좋지 않게 되고, 아이들에게 퉁명스럽거나 화내게 되고, 회사 친구를 피하게 되었다고 말할 수도 있다. 반대로 직무에 대하여 좋은 감정을 가진 결과, '보다 가정적(more bearable at home)'이게 되고 아이들과의 관계에 있어서 새로운 기쁨을 발견했다고 보고할 수도 있다. 직무에 있어서 인간 상호관계 영향의 예는 그 외에도 많았다.

⑤ 태도적 영향(Attitudinal Effects)

직무에 대한 개인의 감정 때문에 마침내 자신이나 동료, 직업, 회사에 대한 태도변화에까지 이르게 되는 상황에 대한 보고도 많았다. 이런 긍정적 또는 부정적 진술을 확인하고 분석할 만한 가치가 있다고 생각되었다. 이 '태도적 영향' 카테고리는 이런 이야기를 확인하고 다른 상황, 다른 사람에게도 같은 빈도로 나타날 것인가 예측할 수 있도록 하기 위해서 설치된 것이다.

제Ⅱ부
연구 결과

이 연구의 결과를 세 장에 걸쳐 제시하고자 한다. 가장 방대한 첫 장은 직무태도에 긍정적이거나 부정적이게 되는 요인에 관계되는 자료로 되어 있다. 조사연구하려고 한 주된 문제가 직무 만족을 가져오게 하는 요인이 있고, 직무 불만족을 가져오게 하는 다른 종류의 요인이 따로 있는지 알고자 한 것이었다. 연구자들은 직무 만족을 가져오게 하는 요인과 직무 불만족을 가져오게 하는 요인의 두 종류의 요인이 각각 다른 성질을 가지고 있는지 알아내고, 만일 다른 성질을 가지고 있다면 그 차이점을 설명할 수 있는 일반적인 심리적 원칙을 발견하려는 데 관심을 가지고 있었다. 연구대상인 기사와 회계사가 면접시에 조사자에게 이야기한 낮은 직무태도 기간에 생긴 객관적인 제1수준 요인은 무엇인가? 이것은 높은 직무태도 기간에 일어났던 요인과 다른가? 단기간 태도변화를 일으키게 하는 요인은 장기간 태도변화의 원인이 되는 요인과 다른가? 직무태도 변화는 단독으로 작용하는 특수요인 때문인가? 아니면 보다 의미 있는 요인의 결합 때문인가? 왜 응답자의 태도는 변하는가? 이야기에 나타난 제2수준 요인을 고찰한 결과는 어떻게 나타났나? 제8장은 이런 질문과 관련된 결과를 제시해 준다.

제9장은 이들 태도의 영향에 대한 결과를 나타내준다. 부정적인 직무태도에 반대되는 긍정적인 직무태도는 직무수행에 어떻게 영향을 주나? 자기 직무에 대한 만족감이 심각하게 줄어들 때 얼마나 빈번히 사직하게 되나? 만일 실제로 사직하지 않는다면 회사에 머물러 있게 되는데, 이에 대한 생각은 무엇인가? 직무 만족이 변할 때 회사의 이미지에 대한 종업원의 마음은 어떻게 변했는가? 정신건강 영향은 어떻게 되나? 직무 만족 시에 특히 인간관계에 있어서 어떤 변화가 일어나는가? 이런 질문에 대한 자료가 제시된다.

제10장으로 이 연구결과 보고를 모두 마치게 되는데 개인차에 관한 자료를 조사해 보고자 한다. 이 장에서는 다음과 같은 질문에 초점을 둔다. 기사를 행복하게 또는 불행하게 하는 요인은 회계사에게 영향을 주는 요인과 다른가? 이 요인들은 다른 방향으로 영향을 주는가? 종업원을 행복하게 또는 불행하게 하는 데 있어서 연령·교육·직무수준·경험은 중요한 역할을 하는가?

이 세 장을 통하여 다음에 논할 직무동기 이론에 대한 증거가 제시되는 것이다. 일의 세계와 일반 사회문제에 이 이론을 적용할 수 있을 것인가 하는 전망을 다루는 장에, 이 이론을 실증할 수 있는 다른 자료가 포함되어 제시될 것이다.

8. 요 인

고직무태도(High)에서 나온 자료를 가지고 결과를 검토하기 시작한다. 이어서 사건의 저직무태도(Low)의 결과를 제시한다. 높고 낮은 양 시퀀스에 대하여 제1수준 요인이 제시되고, 시퀀스의 기간을 분석한 자료를 논하고, 그리고는 제2수준 요인 간의 상호관계성 연구 순서로 다루게 된다. 각 집단을 따로따로 제시하고 나서 고직무태도와 저직무태도를 비교하고자 한다.

(1) 고직무태도 : 제1수준 요인

〈표1〉은 2백 28개의 고직무태도에서 나타난 빈도 순서로 제시된 제1수준 요인 목록이다. 이 표는 ① 성취감과 인정감 ② 일 자체·책임감·승진 ③ 보수 ④ 10개의 빈도가 낮은 요인 등 집단으로 나누어져 있다. 이렇게 4집단으로 나누는 이유는 어떻게 되면 사람들이 직무로부터 행복감을 얻게 되는가를 해결하는 데 중요한 의미를 주기 때문이다. 보다 자세한 설명이 나오게 된다.

<표 1> 고직무태도에 나타난 제1수준 요인의 퍼센트

N=228

요인	계*
1. 성취감	41
2. 인정감	33
3. 일 자체	26
4. 책임감	23
5. 승진	20
6. 보수	15
7. 성장가능성	6
8. 인간 상호관계－하위자	6
9. 신분	4
10. 인간 상호관계－상급자	4
11. 인간 상호관계－동료	3
12. 감독－기술	3
13. 회사방침과 행정	3
14. 근무환경	1
15. 개인생활	1
16. 직무안정	1

* 퍼센트 계가 100% 이상이다. 이것은 각 사건의 한 시퀀스에 한 개 요인 이상 나타날 수 있기 때문이다.

228시퀀스를 통하여 가장 높은 빈도로 나타난 요인은 '**성취감**'이다. 이 요인은 만족하는 직무태도를 가져오게 하는 사건에서 41%로 나타났다. 이런 종류의 이야기 하나로 성공적인 직무완성에 대한 것이 있다. 성공적인 직무 이야기에는 여러 가지가 있었다. 한 선박기사는 최신형의 보트에 사용할 새로운 스크루 프로펠러(scrow propeller)를 고안하는 데 성공했던 때에 대하여 말하였다. 어떤 기사는 신형 원자로 제조에 성공했을 때의 인상에 대하여 말하기도 했다. 회계사도 또한 고도로 성취 지향적인 이야기를 하였다. 산업이 급성장함에 따라 회계는 전문화의 과정에 있다. 우리는 새로운 비용 설계 방안, 자료처리기, 회계를 생산통제 수단으로 이용하는 방안 도입 등에 관련된 많은 성취 이야기를 들었다.

빈도의 순서로 두 번째는 '인정감'이다. 이 요인은 고직무태도 이야기의 1/3을 차지했다. 전술한 바와 같이 다음과 같은 사람한테서 인정을 받을 수 있다. 감독자·동료·고객·하급자 등이다. 고직무태도를 가져오게 하는 인정의 효과에 대한 가장 중요한 측면은 인정의 바탕이 되는 성취이다. 이 두 요인과의 관련과 이용에 대하여는 다음에 논의될 것이다. 예를 들면 한 회계사가 회사의 각 지부에서 나온 대표들과 함께 일하게 되었었는데, 회계과에서 있었다는 일을 그들에게서 이 회계사는 들었다. 지부에서 왔던 사람이 회계과장에게 이 회계사에 대하여 말하였다. 자기에게 이 회계사가 준 선물이 인상적이었고 또 이 회계사가 일을 잘하고 있더라고 과장에게 보고한 것이다. 그 말을 듣고 과장은 칭찬의 말을 전해 보냈다. 이 칭찬의 일이 아주 놀랄 만한 결과를 가져온 것이다. 이 회계사는 수년 동안을 이 회사를 위해서 일했던 것인데 상급자로부터는 난생 처음 인정의 말을 들은 것이기 때문이다. "놀랄 만한 것은 직무수행에서 오는 개인적 만족감이고, 등까지 두드려 줬다."고 그 회계사는 말하였다.

다음 요인집단은 일 자체·책임감·승진인데 높은 시퀀스에서 각각 적어도 1/5 이상의 빈도로 나타났다. 응답자들은 자기들 직무의 측면이 크나큰 만족을 가져왔다고 설명하는데 이것이 '일 자체' 카테고리이다. 이 점에 있어서는 자기들의 일의 성질과 관련되고 특별한 성취가 있는지 없는지, 인정이 따르든지 따르지 않든지, 자신들에게 있어서는 하나의 보상이 되는 것이다. 또 응답자들이 자주 말하는 절실한 소망은 창의적이거나 도전적인 일, 변화 있는 일, 일을 처음부터 끝까지 완성할 수 있는 기회 등을 바라는 것이었다. 한 30대 중반쯤 되는 도안사의 말을 들어보자. 우리가 면접할 때 독창적인 도안작업을 그가 하고 있었다. 그는 말하기를 "나는 창의적인 일을 하고 있어서 이것 때문에 만족하게 되고, 행복감을 느꼈습니다. 그전에는 내 일이 창의적이지 못했었는데 그래서 내가 하는 일에 만족스럽지도 못하고, 좋은 일을 할 수도 없었고, 마침내 그만두기까지 했었습니다." 하는 것이었다. 그는 다른 회사에서 그런 경험이 있는데 현재의 회사에서 그때보다 낮은 봉급

을 감수하면서도 여기서는 창의적인 일을 할 수 있다고 느꼈다는 것이다. 그
는 좋은 감정이 계속되어 마침내 정상적인 직무수행을 하게 되었다.

 '책임감'은 〈표1〉에서 네 번째로 빈도가 높은 요인으로 나타났다. 이 요인
에는 감독 없이 일하게 되었다든지, 자신의 일에 책임지게 되었다든지, 다른
사람의 일에 대해 책임도 지게 되었다든지, 새로운 일을 맡게 되었다든지,
공식적으로 승진된 것은 아니지만 새로운 책임을 맡게 되었다든지 하는 이
야기들이 들어 있었다. 예를 들면 신분이 높아졌느냐 낮아졌느냐에 상관없이
도안사인데 기사가 하는 프로젝트에 의무와 책임을 맡았다는 마지막 이야기
를 주목해 봐야 한다. 그럼에도 불구하고 이런 이야기가 자주 고직무태도 시
퀀스로 나타났다. 즉, 공식적으로 승진이 되지 않더라도 책임 증가에서 나오
는 좋은 감정과 좋은 결과는 사라지지 않는다는 것이다. 이 연구 표집에 있
어서는 신분보다 정신적 만족이 중요하다는 증거가 된다. 다음 이야기가 이
것을 설명해 준다. 40대 초반에 있는 한 회계사가 장부 관리인이 하는 부서
의 일을 하게 되었다. 회계사의 제한된 경험임에도 불구하고 임시 조치로 그
에게 넘어간 것이다. 그는 장부 관리인이라는 이름이 붙은 것도 아니고 단지
소액의 봉급증가가 있었을 뿐이다. 그런데도 이것이 그가 일할 수 있다는 능
력을 보여줄 수 있는 기회가 되어, "발전하는 것같이 느껴지고, 마치 상층에
올라간 것같이 느껴졌다고" 보고하였다. 그는 할 수 있는 능력을 보여줄 결
심을 하고 직무에 대하여 밤늦도록 연구하고 개선을 위해서 아이디어를 짜
내고, 보상 없이 하는 일에도 전념하였던 것이다.

 고직무태도에 나타난 요인목록에서 다섯 번째는 '승진'이다. 이 요인은 자
기 해석적인 점이 있다. 재미있는 현상은 이 요인에 관한 이야기의 거의 반
이상이 예기치 않은 승진이라는 것이다. 직무만족을 불러일으키는 승진은 성
장감·인정감·성취감·책임감과 자주 관련을 맺는다(제2수준 요인에 대한
논의 참고). 예기치 않았다는 이야기, 위의 요인들과 관련된 승진 요인에 해
당되는 이야기의 예를 들어보자. 한 기사는 연령이나 경력, 직위에 비추어
볼 때, 분에 넘치고, 또 기대치도 않은 봉급의 증액과 동시에 일을 맡게 되

고, 그래서 특별히 창의적인 일이 되었다. 그의 상급자들도 왜 당신이 이런 직무를 맡기로 뽑혔는지 아느냐고 하며 찬사를 아끼지 않았다는 것이다. 이것은 자기 일의 진가를 인정받은 셈이 되고, 상급자들이 자기를 신뢰한다는 것을 의미하기 때문에 아주 감격적이었고 만족하였다는 것이다. 직무 자체가 중요해지고 새로운 세부계획을 세우느라 바빠지고 또 책임감으로 충만해졌다. 다른 면에서 지금까지 느끼지 못했던 더 많은 흥미를 발견하였다. 승진 때문에 '회사와 더 깊은 유대를 갖게 되었다.' 그는 나중에 그 직을 떠났으나 그 당시에 만족하고, 수년 후까지 승진 때문에 좋은 감정은 계속되었다. 책임감과 마찬가지로 승진도 직무만족을 증진시키는 요인이고, 이 요인에 부수되는 수입의 증가가 따른다.

〈표 1〉의 16요인 목록에서 보는 것처럼 단지 상기한 5요인만이 표집된 기사와 회계사의 직무만족을 증가시키는 데 중요한 역할을 하는 것 같다. '보수'는 직무만족에 있어서의 고점을 설명해 주는 이야기에서 의의 있는 빈도로 나타난 또 하나의 요인이다. 이것은 직무태도에 관한 심리적 영향이 미치는 한 앞의 요인 그룹과 다른 그룹이라고 보기 때문에 따로 분류한 것이다. 보수의 의미를 긍정적인 직무태도를 가져오는 요인으로 이해하기 전에 좀더 설명을 들어봐야 한다.

만일 빈도상 상위 5요인을 보수를 포함한 다른 11요인과 비교하여 보면 상위 5요인은 직무 자체에 초점이 맞춰져 있는 요인이라는 데 주목해야 할 것이다. 즉, ① 직무를 행하는 데, ② 직무를 좋아하는 데, ③ 직무수행상의 성공에, ④ 직무수행에 대한 인정에, ⑤ 전문적 성장으로 인한 상위이동에 초점이 맞춰진 것이다.

고직무태도를 가져오는 데 별 영향을 미치지 못하는 요인들은 직무 자체보다는 오히려 직무가 수행되는 상황의 성격과 관련되어 있다. 즉, 이들은 근무환경·인간 상호관계·감독·사회방침·방침에 따른 행정·종업원 개인생활·직무안정·보수 등이다. 이것이 기본특징이다. 만족 요인(satisfiers)은 '실제직무'와 관련된다. 만족요인으로 사용하지 못하는 요인은 '직무 상황'

을 말해 주는 요인이다. 더 자세한 이야기는 다음 절의 저직무태도 이야기에서 나올 결과와 비교할 때 하게 될 것이다. 우리가 찾아낸 요인의 1/3만이 직무만족을 가져오는 데 해당되었다(보수 요인만 잠시 보유상태로 놔둔다). 그래서 만족요인으로 정해진 것만 우선 살펴보고자 한다.

① 장기간태도변화 대 단기간태도변화

이제 직무에 대하여 고도로 정적인 태도를 가지게 하는 몇 가지 상황에 대하여 설명하고자 한다. 객관적인 상황과 직접적으로 관련된 질문 말고, 다른 질문을 하여서 우리가 수집한 정보 분석 이외에 다른 설명을 보충시킬 수 있을 것인가? 첫째, 시퀀스의 범위와 관련되는 자료를 찾아냄으로써 어떤 유익한 데이터를 발견해 낼 수 있을 것인가?

우리는 사건의 시퀀스를 6개의 기본집단으로 구별했다는 것이 기억날 텐데, 그중에서 3개가 고직무태도에 해당되었다. 이 셋 중 하나는 특유하며 단기간 사건 이야기로 되어 있다. 이런 사건 때문에 생긴 감정은 아주 빨리 사라진다(단기간 시퀀스-단기태도). 다른 두 집단은 특수한 사건 또는 장기간의 사건 때문에 감정이 지속적으로 영향을 받는다는 이야기로 된 것이다(단기간 시퀀스-장기태도, 또 하나는 장기간 시퀀스). 확실히 나중 두 종류의 사건은 개인의 심리적인 면에 의미가 깊다.

<표 2> 6개의 기간 카테고리에 있어서의 시퀀스 분포

고직무태도(High)	N	저직무태도(Low)	N
단기간-단기태도	39	단기간-단기태도	72
단기간-장기태도	100	단기간-장기태도	53
장기태도	89	장기태도	123
계	228	계	248

〈표 2〉는 이렇게 구분하는 데 대하여 재미있는 사실을 보여준다.

단기간 시퀀스-단기태도의 빈도는 저직무태도(Low) 때보다 고직무태도

(High) 때가 훨씬 낮다. 직무에 대한 좋은 감정은 사건이 끝난 후에도 오랫동안 계속되는 경향이 있다. 장기간 시퀀스와 관련되는 나쁜 감정 이야기는 자주 나오지만, 좋지 않은 직무태도가 단기간 사건에 의하여 생길 때는 그 감정은 오래 가지 않고 쉽게 사라지는 경향이 있다. 이런 현상은 직무에 대한 좋은 감정과 아주 대조적이다. 태도에 영향을 주는 사건이 아무리 순간적이라 하더라도 이 좋은 감정은 오랫동안 지속되는 경향이다.

〈표 3〉은 장기간의 정적 태도와 단기 태도변화 시퀀스에 대한 16요인의 결과 내역을 나타낸 것이다. 이 표는 감정의 지속기간을 다룬 것이지 사건의 시퀀스를 둘러싼 시간의 길이를 취급한 것이 아니다. 이 표에서 장기태도는 장기간 시퀀스와 단기간 시퀀스들을 포함한 것이다.

일 자체·책임감·승진요인은 거의 언제나 직무태도의 장기적 변화와 관련된다. 일시적 변화의 원인이 되는 것은 아주 드물다. 이에 반하여 성취감이나 인정감 이야기가 들어가는 사건에 의한 태도변화는 단기적 감정에서 일어났다. 일 자체·책임감·승진은 지속적인 태도 영향에서 인정감이나 성취감보다 더 심각하게 영향을 주었다. 다음 장에서 밝혀지는 것처럼 장기 태도변화는 직무수행 영향과 보다 밀접하게 관련되어 있기 때문에 장기 태도변화와 관련된 전자 3요인(일 자체·책임감·승진)은 직무효과를 개선할 수 있는 요인이라고 볼 수 있다. 그렇다고 성취감이나 인정감이 긍정적 직무태도에 중요하지 않다는 논법은 아니다. 이 두 요인은 모든 시퀀스에 아주 높은 빈도로 나타나는 요인들이다. 인정감과 성취감의 두 개의 단기 만족 요인을 비교해 볼 때 성취감이 더 중요하다. 그 이유는 이 자료에서 나온 두 개의 사실 배경을 봐도 알 수 있다. 첫째, 장기태도와 단기태도를 비교해 보면 성취감 쪽이 유리하다. 〈표 3〉에 나타난 인정감의 퍼센트는 장기 긍정적 태도변화에 27%로 나타난 데 비하여 단기 긍정적 태도변화에는 64%로 나타났다. 성취감 요인은 단기 긍정적 태도변화에 54%, 장기 태도변화에 38%로 나타났다. 이런 비율의 차는 통계적으로 의의 있는 숫자이다.

<표 3> 장기간 고직무태도 시퀀스와 단기간 고직무태도
시퀀스에 나타난 제1수준 요인의 퍼센트

요 인	감정의 기간	
	(N=184) 장 기*	(N=39) 단 기
1. 성취감	38	54
2. 인정감	27	64
3. 일 차체	31	3
4. 책임감	28	0
5. 승진	23	3
6. 보수	15	13
7. 성장가능성	7	0
8. 인간 상호관계-하급자	6	3
9. 신분	5	3
10. 인간 상호관계-상급자	4	5
11. 인간 상호관계-동료	3	0
12. 감독-기술	3	0
13. 회사방침과 행정	1	0
14. 근무환경	1	0
15. 개인생활	1	0
16. 직무안정	1	0

* 이 장기 난은 단기 시퀀스와 장기 시퀀스의 두 시퀀스에서 나온 태도의 빈
도가 다 포함된 것이다.

<표 4> 고직무태도에 있어서 가장 빈도가 높은 제1수준
요인간의 상호관계성*

		나타나는 빈도
인정감,	성취감과 함께	61
성취감,	인정감과 함께	49
	책임감과 함께	21
	일 자체와 함께	32
승진,	보수와 함께	24
	일 자체와 함께	50
보수,	승진과 함께	32
	일 자체와 함께	20

		나타나는 빈도
책임감,	인정감과 함께	21
	성취감과 함께	37
	일 자체와 함께	49
일 자체,	인정감과 함께	20
	성취감과 함께	51
	승진과 함께	20
	책임감과 함께	44

* 이 표는 왼쪽 요인이 나타나는 때 오른쪽 요인도 또한 나타나는 빈도를 보여준다.

② 요인간의 상호관계성

인정감과 성취감 간의 차에 대한 두 번째 자료는 이야기할 때 동시에 나타나는 요인을 조사한 표에서 또 나타났다. 〈표 4〉는 6개의 주요 요인들의 상호관계성을 조사한 것이다. 성취감과 함께 나타난 인정감은 61%인 반면, 인정감과 함께 나타난 성취감은 49%이다. 바꾸어 말하면 인정감이 성취감에서 따로 독립되는 것보다 성취감이 인정감으로부터 더 독립적으로 나타난다. 더군다나 성취감은 인정감과는 달리 책임감·일 자체의 2개의 장기요인과도 관련되어 있음을 보여준다.

③ 제2수준 요인

여기에 논하는 결과는 응답자가 직무태도 변화를 경험했다고 보고하는 상황을 분석해서 나온 것이다. 제1수준 요인은 객관적 사건을 분석한 것으로 가장 중요한 것이다. 직무태도가 변할 때 일어난 일을 조사하여 인간의 직무태도 변화에 주는 영향을 체계화하려는 것이 우리의 연구이다. 그래서 응답자가 연구자에게 밝혀준 감정만이 고직무태도나 저직무태도가 되는 것이다. 이 응답자들은 다름 아닌 사건의 보고자인 것이다. 이번에는 객관적 사건(제1수준)이 아닌 응답자의 해석(제2수준)과 관련하여 나타나는 결과에 눈을 돌려보고자 한다.

〈표 5〉는 제2수준의 각 요인이 이야기 중에 나타난 빈도를 보여준다. 제1
수준 요인에서처럼 인정감과 성취감이 사건의 고직무태도 목록에서 최고 빈
도를 차지했다. 성취했을 때의 감정과 인정받았을 때의 감정은 직무만족 증
가와 관련 있는 요인 중에서 가장 빈도가 높은 것이다.

<표 5> 고직무태도에 나타난 제2수준 각 요인의 퍼센트

	감정의 기간		
	장기*	단기	계
1. 인정감	57	64	59
2. 성취감	57	56	57
3. 성장가능성	42	18	38
4. 승진	3	3	3
5. 책임감	33	18	30
6. 집단심	11	8	10
7. 일 자체	33	8	29
8. 신분	21	5	18
9. 안정성	7	5	7
10. 공정 – 불공정	2	5	3
11. 긍지 · 죄의식 · 부정	9	10	9
12. 보수	22	5	19

* 장기 난은 장기와 단기의 두 시퀀스에서 나온 결과 태도의 빈도가 포함된 것
이다.

주요 개념은 제2수준 요인 성장가능성에서 발견된 것이다. 일어난 사건
때문에 개인의 직업생활이 발전했다는 감정을 주었다면 개인에게 있어서는
큰 의의를 준다. 인정감과 성취감을 비교해 볼 때 장기 태도변화나 단기 태
도변화가 거의 동등한 빈도인데, 가능한 성장요인은 직무에 대한 감정에 있
어서 장기 정적 태도변화 대(대) 단기 정적 태도변화가 2 : 1로 나타났다.
이 욕구를 언어화한 이런 높은 빈도를 보면 개인적으로 또는 전문적으로 성
장할 수 있다는 감정이 고직무태도를 중심으로 설명한 그런 상황에 대한 심
리적 반응이 크게 작용한 것임을 알 수 있다.

이 성장가능성 카테고리 제1수준 요인으로는 별로 나타나지 않았다. 객관적인 증거로 응답자가 하는 일에 대한 미래의 승진 또는 미래의 정적인 변화가능성에 해당되는 이야기가 카테고리에 들어가게 된다. 그래서 회사훈련 프로그램에 참여하고 있는 사람은 이론적으로 보아 높은 지위로 올라가기 위해서 훈련받고 있는 것이니까 이 성장가능성 요인이 보고되리라 기대된다. 그러나 이 연구 표집에서는 실제 훈련 프로그램과 로테이션 프로그램에 뽑혔지만 이런 이유로 좋은 감정을 가졌다고 말하지 않았다면 사실은 이런 프로그램이 별로 영향을 주지 못한다는 것을 보여준다(적어도 이번 표집의 직무수준에서는). 언뜻 보아 이 연구결과처럼 종업원의 기본적 욕구와 직접적으로 관련될 것 같은 훈련 프로그램이라도 이 연구에서 그렇게 자주 나타나지 않을 것이라는 사실은 옳지 않은 이야기이다. 이 책의 마지막 장에서 밝혀지는 것처럼 이런 기대와 현실과의 불일치는 일하는 의미에 대한 기본 심리학의 이해부족에 기인한 것이다.

장기 태도변화에 있어서 다음으로 높은 빈도는 책임감과 일 자체 요인이다. 신분과 보수 두 요인은 고직무태도(High) 이야기의 약 1/5 약간 못 되게 나타났다. 돈을 벌게 되고 회사 내에서의 지위가 현저하게 높아져서 개인의 감정도 좋게 되었다는 결론이다.

④ 고직무태도의 성격

고직무태도에 있어서 기본복합은 자아실현감과 성장감과 관련된 일련의 사건이라고 주장하고자 한다. 언어적 인정(등을 두드린다든지)의 구체적 행동에서 나온 좋은 감정은 단기간에서만 종종 나타난다. 그러나 인정에 대한 보다 기본적인 감정은 승진, 부가되는 책임, 흥미 있고 도전적인 일에 의한 정적 강화와 관련된다. 언어적 인정과 특별한 성취행위는 응답자가 말하는 기본 목표를 부분적으로 강화해 주는 역할을 할 수 있다. 우리는 단기 감정—단기간 시퀀스가 일종의 하위보상(subreward)을 대표한다고 생각할 수 있다. 그런데 이 하위보상은 종업원이 자기의 기본목표를 향해서 발전하고 있다는 것을 개인에게 가르쳐 주는 것이다. 이 하위보상은 장기적 발전을 일시적으로 강화해 주는 한은 직무에 대한 긍정적 태도를 가져오게 하는 근원인 것이다. 그러나 개인의 장기목표는 성취감―책임감―일 자체―승진의 복합으로 제한된다. 〈표4〉에서 보는 것처럼 이 요인들은 아주 밀접하게 상호 관련되어 있는 것이다. 몇 개 또는 모든 요인이 개인의 직무 상황에서 나타날 때, 그 개인의 기본 욕구의 충족은 직무에 대한 긍정적 감정을 특별히 가지는 기간에 이루어진다.

중요성 평정을 분석한 결과 제한된 범위 내에서 이런 관점을 지지해 준다. 고직무태도에서 중요한 요인은 인정감·성취감·책임감은 보통 정도로 중요하다고 이름 붙인 시퀀스에서보다 아주 중요하다고 평정된 시퀀스에서 더 자주 나타나는 경향을 보여주지는 않았다. 그러나 승진과 일 자체의 두 요인은 아주 중요한 시퀀스에서 아주 빈번히 일어났다. 승진과 일 자체의 차는 통계적으로 의의가 있다(.01수준). 인정감으로 분류된 대부분의 시퀀스와 성취감으로 분류된 아주 많은 시퀀스가 사람의 욕구를 강화하는 부분적 강화인자의 대표라는 의미는 중요성 척도에 나타난 분포 상황과 일치하였다. 부가되는 책임감 내용이 들어가는 시퀀스만이 중요성 척도 상위 끝에서 나타나야 할 텐데 그렇지 않다는 것이 우리의 관점과 다른 현상이었다. 요인의 상호관련성에 대하여 하나 더 주의해야 할 점이 있다. 성취감은 직무에 대한 좋은 감정의 원천으로 인정감에서 떨어져 독립적으로 나타날 수 있다. 그러나 인정감은 성취감과 함께 나타나서 덜 독립적이다. 즉, 인정감은 성취감과 많이 동반하여 일어나지만, 성취감은 인정감과 동반하지 않고 자주 나타난다. 그러나 성취감은 거의 항상 한두 가지 도달한 감정에 이르게 한다는 데 주목할 수 있다. 이런 사실은 구체적인 성취감이나 개인적 성장은 직무에 대한 좋은 감정을 가져오는 데 비교적 미미한 존재밖에 되지 않는다는 우리의 생각을 지지해 주는 것이다.

⑤ 고직무태도의 요약

요약해서 고직무태도의 특징으로 몇 가지 명백한 결과가 나타났다. 첫째,

몇 개의 적은 수의 요인, 이 요인들은 아주 밀접하게 상호 관련되는 요인인데 이 요인들만이 직무에 대한 좋은 감정을 가져오도록 영향을 주고 있다. 둘째, 직무에 대한 좋은 감정을 가져오게 영향을 주는 모든 요인은 직무를 둘러싼 환경과 관련되지 않고 직무 자체의 수행이나 직무 본래의 내용과 관련되어 있다. 셋째, 이들 요인에 의한 좋은 감정은 성질상 일시적이 아니고 오랫동안 지속된다. 넷째, 직무에 대한 좋은 감정이 성질상 일시적일 때는 특별한 성취나 특별한 성취에 대한 인정에서 나온 감정일 때이다. 다섯째, 제2수준 요인 분석 결과 개인의 성장감과 자아실현감은 직무에 대한 정적 감정을 이해하는 열쇠라는 것을 알게 됐다. 성취감－책임감－일 자체－승진의 제1수준 요인은 개인적 성장감과 자아실현감에 도달하게 하는 복합요인이라 정의된다. 이 자료에 대한 다음의 논의에서 이런 목표 지향적 기본욕구는 직무태도를 이해하는 데 중심현상이라고 가정한다. 이 자료의 단기 정적 감정을 설명하는 부분은 기본욕구의 부분적 강화인자라고 설명될 수 있다. 이런 부분적 강화인자는 특별한 성취와 인정 행위에서 나온다. 여섯째 직무에 대한 인간의 태도에 있어서 금전의 역할에 대한 자료도 얻었다. 그러나 이 중요한 현상에 대하여는 다른 절에서 따로 논의하기로 미룬다.

(2) 저직무태도 : 제1수준 요인

이제 저직무태도를 분석하고자 한다. '만족 요인(satisfiers)' '불만족 요인'의 차에 관한 기본가정에서 또한 예상을 할 수 있다. 직무 만족의 기본이 되는 앞 절에서 설명한 5요인은 직무 불만족과 관련된 사건을 설명하는 이야기에서는 아주 드물게 나타날 것이라고 예상할 수 있다. 그 대신 직무 불만족에 주로 영향을 주는 요인은 나머지 11요인이 될 것이라고 생각할 수 있다. 그런데 이 11요인은 직무가 수행되는 환경을 설명하는 것이라고 특징지어질 수 있다. 이런 예상이 틀림없다는 것은 〈표 6〉에서 나타난 저직무태도의 요인에 관한 자료분석에 의하여 증명되었다.

먼저 저직무태도 이야기에 나타난 다른 요인의 상대적 빈도부터 설명하고 자 한다. 그러고 나서 제2수준 요인과 요인 간의 상호관계성에 관한 자료가 제시된다.

회사방침과 행정은 직무에 대한 나쁜 감정을 결정하는 데 가장 중요한 요 인이다. 대략 저직무태도의 1/3 정도가 이 요인에 해당된다. 회사방침과 행 정에 두 측면이 있다. 그 하나는 비능률과 낭비, 이중노력·권력투쟁 등에 의하여 생기는 회사의 비효과성에 관계되는 이야기이다. 예를 들면 계속하여 무시만 당해온 회계 감독자의 이야기를 들 수 있다. 그의 부서에 속하는 지 시인데 자기에게는 안 오고 다른 사람에게는 전달되었다. 감독하기로 된 직 무를 위해서 절차를 세웠으나 그에게 서류가 오기도 전에 그의 부하직원은 벌써 그 일을 하고 있었다. 부장은 바쁘고 회계사는 그 일에 대하여 상의하 러 올 수가 없었던 것이라고 한다. "왜 내가 무시당했는지 알 수 없습니다. 무시된 느낌이라 당황하였습니다. 내 직무수행에 알아야 할 필요가 있는데 알려지지 않는 데 대한 책임은 과실이었던 것입니다." 그 결과 그는 일에 태 만하게 되고 아주 절박한 일이 아니면 일을 지연시키게 되었다는 것이다.

둘째 종류의 이야기에서 이것은 이 저직무태도의 1/2 약간 넘는데 회사의 비효과성 문제가 회사방침의 악영향 문제이다. 이런 것은 불공정으로 보이거 나 나쁜 영향을 가져온 인사정책이나 다른 방침에 관계되는 것이다. 하나의 좋은 예는 대학교육을 받지 못한 기사나 회계사보다 대학졸업자에게 승진의 기회를 더 주는 회사방침 때문에 자기들 경력은 산산조각이 난다고 주장하는 종업원들의 이야기이다. 이런 종류의 상황은 전문 분야에서의 큰 변화가 생기 기 전에는 피할 수 없는 것이다. 사무직이나 기술자의 자리에서부터 시작한 구세대는 전문교육을 받은 젊은이들에 의하여 밀려나게 되었다. 학위를 가진 젊은 사람을 비난할 것이 아니다. 그러나 개인의 업적을 무시하고 오로지 학 력에만 강조점을 두는 회사의 불공정한 방침에 대한 비난인 것이다. 불공정한 보수제도 또한 대단한 비난의 대상이었다. 회사방침과 행정에 들어가는 저직 무태도의 1/4 이상으로 보수가 하나의 요인으로 언급되었다.

<표 6> 고·저직무태도에 나타난 제1수준 요인의 퍼센트

| | 감정의 기간 | | | | | |
| | 고직무태도 | | | 저직무태도 | | |
	장기*	단기	계	장기*	단기	계
1. 성취감	38	54	41**	6	10	7
2. 인정감	27	64	33**	11	38	18
3. 일 자체	31	3	26**	18	4	14
4. 책임감	28	0	23**	6	4	6
5. 승 진	23	3	20**	14	6	11
6. 보수	15	13	15	21	8	17
7. 성장가능성	7	0	6	11	3	8
8. 인간 상호관계-하급자	6	3	6	1	8	3
9. 신분	5	3	4	6	1	4
10. 인간 상호관계-상급자	4	5	4	18	10	15**
11. 인간 상호관계-동료	4	0	3	7	10	8**
12. 감독-기술	3	0	3	23	13	20**
13. 회사방침과 행정	3	0	3	37	18	31**
14. 근무환경	1	0	1	12	8	11**
15. 개인생활	1	0	1	8	7	6**
16. 직무안정	1	0	1	2	0	1

* 이 장기 난은 장기 시퀀스와 단기 시퀀스의 두 시퀀스에서 나온 지속적인 태도의 빈도가 포함되었다.

** High와 Low의 계의 차가 .01수준에서 통계적으로 의의가 있다.

나쁜 감정을 갖게 하는 비슷한 회사의 비효과성은 개인에 대한 감독에서도 찾아볼 수 있다. 기술적 감독은 저직무태도를 가져오게 하는 요인 중에서 빈도로 볼 때 두 번째이다. 이런 이야기는 사회적 관계가 아닌 감독자와의 근무관계에 관한 것이 많다. 작업계획도 할 줄 모르고 가르칠 능력도 없어 종업원을 격려할 줄도 모르는 무능하고 비능률적인 감독자에 관한 것이 많았다. 불만의 이유로 든 가장 많은 이야기는 감독이 자기 임무를 수행할 능력이 없다는 것이다.

예상했던 대로 좋지 못한 기술적인 감독의 질에 대하여 이야기하는 대부분이 감독자와의 인간관계가 나쁘다는 것이었다. 그러나 이 요인은 기술적 감독보다는 낮은 빈도로 나타났다. 248개의 저직무태도 시퀀스 중에서 이 인간관계 요인이 15%로 20%인 기술적 감독보다 낮은 빈도로 나타난다. 이것은 최근 감독자가 인간을 다루는 방법에 대한 관심이 높아지고 있다는 점에서 볼 때 별로 놀라운 일은 아니다. 그러나 감독자와 하급자와의 인간관계가 나쁠 때 그 영향으로 종업원은 탈락되기 쉽다. 한 회계사의 극단적인 예를 들어보자. 이 회계사의 감독은 항상 다른 사람들 앞에서 공개적으로 비난하고, 의견을 얘기할 때마다 조소하고, 또 하루 24시간을 모두 통제하려 든다는 것이다. 자기 아내가 쌍둥이를 낳아서 담배만 피우고 있는데 감독은 인정사정없이 일만 하라던 일을 회상하고 있었다. 그래서 결국 신경과민이 되고, 고질적 구역질로 넘어가 종래는 의사가 사표 내고 그만두라고 권하게까지 되었다는 것이다.

인정감은 저직무태도 이야기의 거의 1/5을 차지했다. 여기에는 응답자가 한 일에 대하여 인정을 받지 못했다는 이야기까지 광범하고 다양한 이야기가 포함되었다. 예를 들면 한 사람은 결재를 올릴 때마다 상관은 보지도 않고 사인해 주었다고 좋아하는 사람이 있는가 하면, 어떤 사람은 새 회계체제 개발을 위해서 열심히 일했는데 마침내 회사가 새 회계체제를 채택치 않기로 하여 맥이 빠져버린 사람도 있다. 여기에 재미있는 점이 있다. 인정을 받았다는 이야기가 인정을 받지 못했다는 이야기보다 훨씬 많았지만 많은 응답자들이 "아무도 격려해 주지 않았다." 또는 "인정해 주는 일이 별로 없었다."는 말로 서두를 꺼내는 것이었다. 보수는 직무에 대한 정적 감정으로 반응한 것만큼 부적으로도 아주 높은 빈도를 보여줬다. 이 보수에 대하여는 다음 결과가 나올 때까지 논의를 보류하고자 한다.

일 자체 요인은 부적 직무태도에서 14%를 차지했다. 이 예로 한 젊은 제도사의 이야기를 들고자 한다. 이 사람은 만족할 만하게 제도일을 할 수 있는 능력을 보여주었기 때문에 디자인 할 수 있는 테이블과 제도기 이외에 아무것도 배당받지 못했던 때에 대하여 이야기해 주었다. 창의력을 발휘할 기회도, 배우거나 활동범위를 넓힐 기회도 극도로 줄어들었다. 그는 회사를 이루는 하나의 숫자에 불과하다고 느꼈다. 그가 하는 일의 질은 저하되고, 기계제도에 실패하여 좌천되기 시작했다. 마침내 잘못한 일을 겪는 괴로움 때문에 새 직장을 찾아 회사를 떠나게 되었다는 것이다.

승진과 근무환경의 두 요인은 저직무태도 이야기의 10%로 나타났다. 회사방침과 행정처럼 근무환경은 사건의 저직무태도에서만 언급되었다. 근무환경에 대한 불만의 절정은 좋지 못한 공장의 위치, 직무수행에 부적절한 시설, 직무에 요청되는 업무량에 관한 것이다. 또 '어떤 종업원은 일이 너무 많은 것보다 일이 너무 없는 것에 대하여 불평한다.'

기대했던 승진을 못 했다는 이야기는 저직무태도 중 승진요인의 대부분을 차지했다. 종업원의 기대는 승진의 직무태도 영향을 결정하는 데 있어서 중요한 역할을 하는 것 같다. 기대하지도 않았던 승진 때문에 직무 만족감이 증가되었다는 이야기는 이미 말한 바 있다.

① 장기태도변화 대 단기태도변화

단기태도 시퀀스의 전체 빈도는 고직무태도 시퀀스에서보다 저직무태도 시퀀스에서 더 높다. 저직무태도 시퀀스에서 인정을 받지 못하는 실패는 짧은 사건의 기간 이상으로 감정이 지속되지 않는 시퀀스에서 중심요인이다. 고직무태도처럼 인정감은 직무태도의 부분 강화자로만 작용하는 것 같다(표 6 참조).

<표7> 저직무태도에 나타난 제1수준 요인간의 상호관계성*

인정감, 회사방침과 행정과 함께	22%
성장가능성, 회사방침과 행정과 함께	38
승진, 회사방침과 행정과 함께	39
보수, 회사방침과 행정과 함께	51
감독과의 인간상호관계, 감독-기술과 함께	50
동료와의 인간상호관계, 회사방침과 행정과 함께	21
감독-기술, 감독과의 인간상호관계와 함께	38
회사방침과 행정, 보수와 함께	28
근무환경, 회사방침과 행정과 함께	30
일 자체, 회사방침과 행정과 함께	29

* 본 표는 우측 요인이 발견되는 시퀀스에서 좌측 요인이 동시에 나타나는 빈도의 퍼센트를 보여준다.

② 요인간의 상호관계성

고직무태도와 저직무태도의 두 태도 이야기 중에 나타나는 요인 간의 상호 관계성에 대하여 고찰해 보고자 한다. 〈표 7〉은 면접시에 들은 이야기 중에 주요 요인과 다른 요인이 동시에 나타난 빈도를 보여준다. 빈도가 낮은 요인은 표에 나타나 있지 않았다. 사건의 저직무태도에 나타난 실제 빈도를 통하여 만족요인에 대하여 다시 살펴보고자 한다.

인정을 받지 못한 실패가 사건의 저직무태도에도 나타나는 만족요인 중에서 유일한 요인이었다. 빈도 순위로 보아 이 요인은 비효과적인 회사방침이나 행정 활동 이야기와 함께 높은 빈도로 나타났다. 이에 반하여 사건의 고직무태도에서 이 요인은 일반적으로 성취행위와 함께 나타났었다. 이런 차는 다음 두 가지를 의미한다. 첫째, 인정을 받지 못한 단순한 실패는 직무 불만족의 근원이 될 수 있다. 둘째, 인정을 받지 못한 실패의 대부분은 회사방침과 행정이라는 다른 요소와 동시에 작용한다. 저직무태도 이야기에서의 인정을 받지 못한 실패의 성격은 고직무태도 이야기에서 나타나는 인정의 성격과는 질적으로 다르다. 고직무태도에서는 대개 성공적인 과업성취와 관련되지만 저직무태도에서는 주로 잘못된 회사방침이나 행정에 의하여 영향받는 직무 상황이 반영되는 것이다.

다시 승진 요인에 대하여도 이와 똑같은 질적 차이에 대하여 살펴보고자 한다. 승진은 일반적으로 고직무태도 이야기에서는 흥미 있는 일의 본질을 설명할 때 나타난다. 반면 저직무태도 이야기에서는 잘못된 회사방침이나 행정적 실패를 설명하는 이야기에 자주 나타난다. 상호관련성에 있어서 똑같은 차가 일 자체 요인에서도 나타난다. 고직무태도 이야기에서 일 자체는 성취감과 책임감을 설명하는 이야기와 함께 나타난다. 그러나 저직무태도에서는 잘못된 회사방침과 행정과 관련되어 나타난다. 이런 요인의 상호관련성을 분석한 결과 이들 요인이 이야기 중에 나타날 때, 나쁜 직무태도에서 만족요인은 대부분 일의 요소나 보상의 질과 관련되어 나타나지 않고 직무 상황을 설명하는 요인과 관련되어 나타나는 것 같다는 것을 알 수 있다.

③ 제2수준 요인

고직무태도 이야기에서와는 달리 저직무태도 이야기에서 나타나는 가장 높은 빈도의 제2수준 요인은 불공정감이다(표 8 참조). 개인·상사·회사가 개인에게 베푸는 관심의 부족에 원인이 있는 것으로 종업원은 지각되어 직무에 대하여 불행하게 되는 경우가 많다. 이런 경우 회사의 응집력이 부족했다는 느낌도 든다. 장기 태도변화의 관계성에 있어서 순간적이긴 하지만 가장 중요한 것은 성장 억제감이다. 각 개인은 사건을 직무에 발전을 가져오지 못하게 하는 것으로 해석하였다. 즉, 사건은 직무에 대한 열망을 불러일으키지 못하게 하는 징조가 되었다.

제2수준의 인정감과 성취감은 저직무태도 이야기의 약 1/5~1/4 정도로 다시 나타났다. 이런 빈도는 고직무태도 이야기에서의 반도 못 되는 것이다.

저직무태도에서의 제2수준 요인은 고직무태도의 경우에서보다 퍼센트 값에 차(가변성)가 많다는 사실은 주목할 만하다. 또 그 차가 통계적으로 의의가 있는 숫자이다. 응답자가 불공정감을 부적 직무태도의 원인으로 높이 반응하는 한 모든 요인을 불공정으로 지각하기 때문에 고·저직무태도 간에는 가변성의 차가 있다고 이해될 수 있다.

<표 8>고·저직무태도에 나타나는 제2수준 각 요인의 퍼센트

| | 느낌을 가진 기간 | | | | | |
| | 고직무태도 | | | 저직무태도 | | |
	장기*	단기	계	장기*	단기	계
1. 인정감	57	64	59**	27	24	26
2. 성취감	57	56	57**	18	24	19
3. 성장가능성	42	18	38	43	7	33
4. 승진	3	3	3	2	1	2
5. 책임감	33	18	30**	9	7	8
6. 집단감	11	8	10**	3	4	3
7. 일 자체	33	8	29**	16	4	13
8. 신분	21	5	18	10	10	10
9. 안정감	7	5	7	11	6	9
10. 공정－불공정	2	5	3	35	44	38
11. 긍지·죄책감·무능	9	10	9	14	15	14
12. 보수	22	5	19	18	1	13

* 본 난은 장기·단기의 양 시퀀스의 결과에 의한 지속태도의 빈도가 포함된다.
** 전체의 차는 .01 수준에서 의의 있다.

<표 9> 제2수준 각 요인의 상호관계성*

		고직무태도	저직무태도
인정감,	성취감과 함께	37	
	성장가능성과 함께	39	
	공정-불공정과 함께		41
성장가능성,	인정감과 함께	63	
	성취감과 함께	37	
	공정-불공정과 함께		35
보수,	인정감과 함께	77	
	성장가능성과 함께	66	
	책임감과 함께	43	
	공정-불공정과 함께		61

* 본표는 왼쪽 요인이 나타나는 시퀀스에 동시에 오른쪽 요인도 함께 나타나는 빈도의 백분율을 나타내 준다.

④ 제2수준 요인의 상호관련성

〈표 9〉에 나타난 고직무태도 이야기와 저직무태도 이야기에 나타난 요인의 상호관계성을 비교해 보면 질적인 차이가 있다는 것을 발견할 수 있다. 고직무태도 이야기에서 인정감은 성장 가능성과 성취감과 관련된다. 반면 저직무태도 이야기에서는 불공정감과 자주 연결된다. 성장 가능성은 또한 고직무태도에서 인정감·성취감과 관련되는 반면, 저직무태도에서는 회사나 감독자의 불공정한 취급과 많이 관련된다. 그런데 공정-불공정 요인은 고직무태도 이야기에서는 아주 드물게 나타난다는 것은 주목할 만한 사실이다.

감정의 수준에서 나온 결과는 제1수준 요인에서와 아주 비슷하다. 이런 결과는 종업원에게 요구되는 제1조건으로서 또 정적 직무태도의 기본결정 요소로서 전문적 성장이 중요하다는 의미가 있다. 이것은 또한 주요 직무요인이 직무 불만족을 가져오는 이야기에 포함되는 이유를 설명해 준다. 이것이 또한 종업원을 불공정하게, 물론 자신의 지각에 따라서는 공정하게 대하게 되는 요인이 된다. 이 점에 관하여는 다음 절에서 보다 상세히 논하고자 한다.

(3) 고직무태도 대 저직무태도

사건의 고직무태도에서 나온 결과와 저직무태도에서 나온 결과를 대조시켜 보면 몇 가지 중요한 차이가 밝혀진다. 저직무태도의 경우는 16요인의 퍼센트 범위가 고직무태도의 경우처럼 크지 않다. 고직무태도에서 5요인은 이야기의 1/5 만큼 나타난다. 이에 비하여 저직무태도에서는 단지 2요인만이 가끔 나타난다. 반면 저직무태도에서 6요인은 10~19%를 차지하는데 고직무태도에서는 단지 한 요인만이 그런 범위로 나타난다. 앞에서 이미 안 것처럼 고직무태도의 경우 몇 개의 요인이 만족 요인으로 현저하게 나타나고 나머지는 직무 만족을 위해서는 무시할 정도의 빈도이다. 저직무태도에서는 요인 간에 퍼센트의 차가 작다. 고직무태도에 있어서 퍼센트가 가변성이 큰 정도는 통계적으로 의의가 있다. 이 결과를 보고 이 연구에서 나온 요인은 직무 만족에 이르게 하는 경우보다는, 직무 불만족에 이르게 하는 경우에 더 비슷한 빈도로 나타날 가능성이 있다는 것을 우리는 알 수 있다. 아주 많은 일들이 불만족의 근원이 되는 것이 확실하지만 반면 앞에서 말한 5요인은 정적 직무태도를 가져오게 하는 데만 기여할 수 있다. 이제 저직무태도 이야기에서 요인들이 비슷한 빈도로 나타난 데 대한 설명을 잠깐 하고 넘어가기로 한다.

〈표 6〉은 본 장을 시작할 때 형성된 기본 가설을 검증할 수 있는 자료가 된다. 본 장 초에서 우리는 직무 만족을 증가시키는 데만 작용하는 어떤 요인이 있고, 반대로 직무 만족을 떨어뜨리는 힘만을 가진 어떤 다른 요인이 있을 것이라고 가설을 세웠었다. 〈표 6〉의 자료는 이런 개념을 뒷받침해 주는 좋은 증거가 된다. 사건의 저직무태도에서 최다 빈도인 회사방침과 행정 그리고 감독(기술과 인간관계 포함)은 고직무태도 이야기에서는 거의 나타나지 않았다. 고직무태도에서보다 저직무태도에서 더 높은 빈도로 나타난 모든 요인은 보수 요인을 제외하고는 고직무태도 시퀀스에서는 무시할 정도의 빈도였다. 이것은 동료와의 인간 상호관계·근무환경·개인생활 요인도 회사방침과 행정, 감독(기술과 인간관계) 요인과 마찬가지로 나타났다.

사건의 고직무태도에 나타난 결과도 한쪽에서만 나타날 것이라는 가설을 근본적으로 실증해 준다. 기본 만족 요인인 인정감·성취감·승진·책임감·일 자체는 저직무태도에서보다 고직무태도의 경우에 더 높은 빈도로 차에 의의 있게 나타난다. 그러나 이 중에 어떤 요인은 저직무태도의 경우에도 약간의 빈도로 나타난다. 즉, 인정감은 18%, 일 자체는 14%, 승진은 11%로 나타났다. 그러나 분명히 이들 세 만족 요인은 직무 불만족의 원인이 되는 요인처럼 직무태도에 일방적으로 영향을 주지는 못하고 있다. 다시 가설을 표현한다면 만족 요인은 직무 불만족을 증가시킬 가능성이 훨씬 더 크고, 반면에 직무 불만족에 관련된 요인은 직무 만족을 증가시키는 일은 거의 하지 않을 것이라고 할 수 있다. 그러나 2개의 만족 요인은 사실상 한 방향으로만 작용한다. 만족하는 직무태도 이야기에서 가장 빈번히 나타나는 성취감과 책임감은 단지 직무 불만족 이야기의 6~7%에 불과하다.

〈그림 1〉은 연구결과에서 밝혀진 대로 만족 요인과 불만족 요인 간에는 차가 있다는 기본 가설의 결과를 보여준다. 이 그림의 범례에 표시된 것처럼 중립점과의 거리는 고직무태도와 저직무태도에 각 요인이 나타난 빈도의 퍼센트 크기이다. 막대의 폭은 단기태도 영향에 대한 장기태도 영향의 비율을 나타낸다. 폭이 넓으면 넓을수록 이 요인은 보다 더 장기간의 직무태도 변화로 지속된 것이다. 인정감과 성취감 요인은 기둥의 폭이 장기비(장기비)에 있어서 반대로 되어 있다는 것을 가리켜 주기 위하여 사선으로 그려져 있다. 이 두 요인의 태도영향은 실제로 단기적이었다.

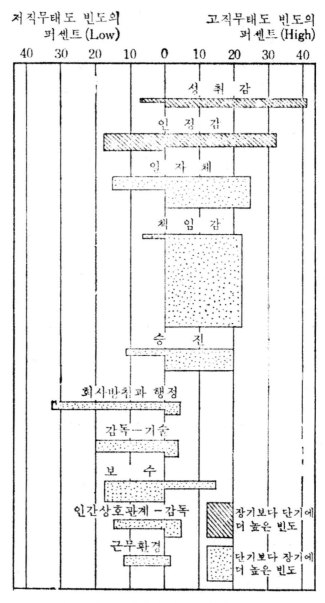

<그림 1> 만족 요인과 불만족 요인의 비교

빈도와 태도영향의 기간을 고찰해 보면 일 자체·책임감, 성취감의 세 요인은 고직무태도를 갖게 하는 데 포함된 주요 요인으로 강하게 시선을 끈다. 좋지 않은 직무태도를 가지게 하는 데 이들 요인의 역할은 대조적으로 지극히 작다. 반대로 회사방침과 행정, 감독(기술과 인간 상호관계 포함), 근무환경은 긍정적인 방향의 직무태도에 영향을 줄 가능성이 거의 없는 주요 직무 불만족 요인의 대표이다.

〈그림 1〉에서 보여준 차이는 고직무태도에서 발견된 요인과 저직무태도 이야기에서 나타난 요인 사이에 아주 근본적인 특징이 있다는 것을 보여준다. 모든 동기요인은 직무에 초점이 맞춰지고, 고직무태도 이야기에서는 별로 나타나지 않은 요인은 직무환경을 말해 주는 것으로 특징지어 질 수 있다고 이미 말한 바 있다. 즉, 직무 불만족 요인으로 나타난 회사방침과 행정, 감독(기술과 인간관계), 근무환경 요인인 것이다. 직무 만족 요인은 직무수행에 포함되는 요인인 반면, 직무 불만족 요인은 직무환경을 설명하는 요인이라고 진술한 전번의 가설을 확대할 수 있다. 좋지 못한 근무환경, 잘못된 회사방침과 행정, 나쁜 감독은 직무 불만족으로 이끌 것이다. 그렇다고 좋은 회사방침, 바른 행정, 옳은 감독, 좋은 근무환경은 긍정적인 직무태도로 이끌지는 못할 것이다. 이와 반대로 이 자료에 의한 한, 인정감·성취감·일에 대한 관심·책임감·승진은 모두 적극적 직무태도를 갖게 한다. 이들 요인이 없어진다 해도 바로 직무 불만족감을 갖게 될 것 같지 않다.

(4) 보 수

이제 보수요인에 대하여 살펴보고자 한다. 이 요인은 저직무태도에서와 마찬가지로 고직무태도에서도 높은 빈도로 나타났다. 그러나 단기 태도변화와 장기 태도변화를 조합하여 합계로 비교할 때만 이것이 사실이다. 태도변화 기간에 관한 〈표 6〉을 살펴보면 저직무태도(Low)에서의 보수는 장기간(21%) 이 단기간(8%)의 거의 3배로 나타난 것을 알 수 있다. 고직무태도 이야기에서 보수는 양 기간에 거의 같은 빈도로 나타났다. 그래서 직무태도의 한 영향 인자로서의 보수는 직무 만족 요인이라기보다는 직무 불만족 요인으로 작용할 가능성이 크다.

〈표 7〉과 〈표 9〉의 요인 간의 상호관계성으로 돌아가서 보수는 저직무태도 시퀀스 사건에서 거의 1/2이 회사방침과 행정과 관련되어 함께 나타나고, 고직무태도 시퀀스에서는 승진·일 자체와 아주 빈번히 관련되어 함께 나타났다. 더 자세히 살펴보면 보수가 저직무태도에서 하나의 요인으로 등장할 때는 회사 내의 임금 자체의 불공정 같은 것이고(표 9 참조), 또 대부분 보수의 절대 기준이 아니라 증액과 관련되는 것이었다.

즉, 울며 겨자 먹기식으로 보수를 올려주거나, 뒤늦게 지급되거나, 또는 신규채용 직원과 경력이 많은 직원 간의 차가 너무 적은 임금체제 같은 것을 말하는 보수행정 체제 등이다. 때로는 보수증액이 수반되지 않는 승진에 관한 것도 있다. 이와 반대로 직무성취에 따라다니는 것으로 직무태도 이야기에서 나왔다. 이것은 인정의 한 형태이다. 이것은 돈 이상의 것을 의미한다. 이것은 직무수행을 잘했다는 것을 의미한다. 이것은 직무수행상의 발전을 의미한다. 사건의 상황이란 관점에서 볼 때 하나의 요인으로서의 보수는 직무상황을 설명하는 요인집단에 속하며 근본적으로 불만족 요인인 것이다.

9. 직무태도의 영향

본서의 방법론 절에서 직무태도의 영향에 관한 자료가 주관적인 데 따른 제한점을 이미 밝힌 바 있다. 응답자가 제시한 행위가 직무태도에 대한 감정의 결과라는 데 대하여 과연 타당성이 있을 것인가 하고 독자들이 회의적일 것이라는 것도 연구자들은 인정한다. 그러나 이미 지적한 것처럼 의미 있고 객관적인 기준이 별로 없기 때문에 어떤 근무 상황에서 어떤 행동이 나오는지의 인간태도 영향을 알아내는 데 어떤 단서가 있어야만 한다.

좀 길게 논의해 온 기술적 방법의 문제는 연구자가 바라는 어떤 종류의 행위에 대하여 응답자가 좀 자세히 말해 달라고 요구하는 것이었다. 태도의 영향과 성질에 관한 질문이 완전히 개방적이었던 것은 방법론으로 보아 잘 한 일이라는 것이 확실하였다. 그러나 연구자가 관심을 갖는 자료의 종류에 관하여 좀 안내해 줄 것을 응답자들이 바라고 있다는 것을 예비조사에서 이미 알아냈다. 다음에 연구자가 관심을 갖는 어떤 종류의 행위를 찾아내려는 조사에서 찾아낸 사실과 응답자의 행위의 직접적인 증거를 찾는 것이 아니고, 똑같은 행위가 나올 가능성이 크냐를 따지고, 또 행위를 직접 관찰하거나 객관적으로 측정하여도 똑같은 결과가 나올 것이라는 사실, 두 가지 사실을 인정하고 이제 태도의 영향에 관한 자료를 제시하고자 한다.

태도의 영향에 관한 논의를 하자면 내용분석 카테고리의 일반 원칙이 자연히 있어야 한다. 이 카테고리는 직무수행·전직·정신건강·인간 상호관계·태도적 영향이다.

(1) 직무수행에의 영향

이 연구에서 설명되는 직무수행 영향의 성격에 대하여 좀더 특별히 언급할 가치가 있다. 사업에 관한 많은 연구에서 가능했던 것처럼 생산성의 변화를 양적으로 측정하지 못하는 것이 많다. 그러나 우리가 확실히 알 수 있는 것은 일하는 데 있어서의 변화, 생산성의 결과가 어떻게 변화하나 등을 지각하는 응답자의 보고이다. 그래서 태도영향을 '양적' 관점에서 변화한 경우와 다른 경우를 비교하기는 어렵다. 그러나 직무수행 형태가 어떻게 변화했나에 대하여 보고해 주는 빈도만큼은 계산할 수 있는 것이다.

여기에 직무수행에 미친 태도의 영향에 관하여 응답자가 말한 예를 들어본다.

어디서나 감독의 주목을 받고 있다는 것을 알고부터는 노력하던 것을 모두 팽개쳤어요. 제가 말하는 의미를 알겠죠? 나는 곧바로 일을 중단했어요. 나는 일을 잘 끝내지 못한 데 대하여 괴로워하지 않았어요. 제가 일을 잘 하느냐 그럭저럭 하느냐에는 차가 많지요?

또 짤막한 예를 들어보자

승진이 되고 나니 하루 14시간, 1주일에 6일을 일해도 좋았어요. 그 많은 시간을 일에 파묻혀 살았어요. 보다 훨씬 열심히 일했어요. 더 열심히 일하고, 헌신하고……. 집에까지 일을 가지고 가 내 시간까지 희생하며 일했어요. 다음 날은 또 열심히 출근하고 또 부지런히 일했어요.

처음 20여 일은 일 보따리는 집에 끌고 오지도 않고, 일이 생겨도 생각지도 않고, 일을 많이 미뤄왔어요.

팔짱을 끼고 하루 종일 창 밖만 내다보고 전혀 일하지 않았었죠. 능력이 없다는데 누가 일해요?

은연중에 변화의 폭이 넓은 데 놀랐다. 표준 직무수행 수준을 가정할 수 있을 것같이 보였다. 생산성이 낮다고 보고 되었을 때 그 수준은 이 표준보다 분명히 낮게 나타났다.

직무수행이 향상되었다고 보고되었을 때 생산성은 표준수준이거나 놀랄 만큼 그 이상이었다. 보고된 직무태도의 영향은 현실 바로 그것이고 상이되는 것은 없었다.

응답자의 진술은 아주 다양하였다. 어떤 경우에는 자기들이 보다 훌륭하게, 또는 더 나쁘게 일을 수행했던 특수한 예를 설명할 수도 있고, 일하는 데 보낸 시간의 양이나 일한 비율로 따져 말할 수도 있었다. 어떤 경우에는 특별한 예를 들지 않고 태도의 영향이 아주 깊이 스며들었다거나, 예를 들면 자기가 하는 모든 일이 창의적으로 되거나 고무적으로 수행되는 것같이 느껴졌다고 응답자가 지적하기도 하였다.

〈표 10〉은 고직무태도와 저직무태도에 있어서 장기간 시퀀스와 단기간 시퀀스의 양 시퀀스에 보고된 영향의 빈도를 나타낸 것이다. 고직무태도의 약 3/4은 직무에 대한 향상된 태도의 결과로 직무수행 개선에 들어가는 데 주목하게 된다. 또

한 여기서 장기간 시퀀스와 단기간 시퀀스 간의 차에 주목해야 한다.7)* 단기 시퀀스보다 장기 시퀀스가 더 높은 퍼센트로 직무수행 영향을 준다. 장기간 지속된 태도가 순간적 태도변화보다 직무수행에 보다 더 큰 영향을 주는 경향이 있다.

저직무태도의 거의 반(48%)이 직무수행 영향에 해당되었다. 이것은 고직무태도(73%)보다는 의의 있는 차로 낮지만 가치 있는 비율이다.

다음에 직무수행 영향에 관한 자료에서 2가지 사항이 발견되었다. 연구자들이 면접한 사람들에 의하면 직무태도가 일이 처리되는 방법에 아주 심각하게 영향을 준다는 것이었다. 고직무태도와 저직무태도를 합친 60% 이상이 예상한대로 직무수행 영향이 보고되었다. 즉, 향상된 직무수행은 직무태도 향상과 관련되고 직무수행의 저하는 부적 방향으로 태도변화와 관련되었다. 두 번째 발견은 태도가 직무수행에 영향을 주는 것은 나쁜 태도일 때보다 좋은 태도일 때더 크게 영향을 주는 경향이라는 것이다. 고직무태도 영향에 보고된 73%와 저직무태도의 영향에 보고된 48% 간의 차에 있어서 밝혀지지 않은 부분은 응답자들이 보통 때보다 일을 덜했다고 긍정하기 싫어하는 데 해당되는 부분이다.

<표 10> 직무수행영향의 퍼센트

	고직무태도 (High)	저직무태도 (Low)
장 기 간	79	51
단 기 간	44	41
계	73	48

응답자들이 일의 질에 있어서 향상되었다고 보고하기보다 일이 잘 안 되거나 비능률적이었다고 보고하기는 더 고통스러울 것이라는 것은 독자도 인정할 것이다. 고직무태도와 저직무태도 간에 직무수행 영향의 빈도 중에서 얼마만큼이 이런 심리적 장벽 때문인지 추측할 수 없다. 여기서 다시 연구자는 응답자에 의하여 보고된 것은 알 수 있지만 심리적으로 가려진 것은 알

---

* 태도의 영향에서 언급된 모든 차는 통계적으로 0.01 수준에서 의의가 있다.

수 없었다는 것을 솔직히 인정할 수밖에 없다. 그러나 고직무태도와 저직무 태도에 있어서의 직무수행 영향으로 보고된 빈도의 차는 고직무태도와 저직 무태도의 일반적 경향과 일치된다는 점에 주목하는 것이 중요하다. 고직무태 도는 직무와 직무수행 양식에 관한 것들이고, 저직무태도는 직무의 외적 요 인 근처를 맴돌고 있다. 저직무태도에서 약간의 비율은 직무에 관련된 중심 요인과 직무수행에 관한 영향에 관련된 것이라는 사실도 인정해야 한다. 그 러나 이런 경향은 고직무태도의 경우에 훨씬 더 특징적으로 나타난다.

이 연구의 결과와 일치하는 문헌에서 하나 발견한 사실이 있다. 사기와 생 산성과의 관계에서 모순성이 자주 눈에 띈다. 이러한 모순성은 이 연구의 고 직무태도(High)에서 발견된 태도와 저직무태도(Low)에서 발견된 태도의 두 종류 태도에서도 나타나기 때문에 일반적인 사기 측정이 모순성을 나타 낸다는 것도 있을 수 있는 일이다. 만일 이게 사실이라면 사기와 생산성과의 관계되는 정도는 저직무태도와 관련된 사기 구성요소보다는 고직무태도와 관련된 사기 구성요소에 더 좌우된다고 본다. 그 이유는 고직무태도가 생산 성을 더 많이 변화시킬 가능성을 가지고 있다고 보기 때문이다.

이상적인 영향 측정법을 쓴다 해도 사기와 생산성과의 긍정적인 관계성은 만족 요인에 의하여 좌우되는 사기측정 부분에서 나올 것이다. 만일 태도와 사기의 긍정적인 상관관계가 낮다면 전체적인 결과도 일정치 않을 것이다. 사기와 생산성 간에 상관관계가 낮다고 해서 언제나 우리의 연구결과와 일 치되지 않는 것은 아니다. 우리의 연구결과는 상관관계 접근법과는 아주 다 른 방법으로 얻은 것이기 때문이다.

(2) 전　직

　　아주 무능한 사람인데 상관과 친하다는 이유로 승진되는 것을 보았 을 때 나는 끝장난 느낌이었습니다. 승진되지도 않았지만 공정하게 되 어 승진되는 날이 있겠지 하는 생각도 안 했습니다. 몇 개월 후 처음으로 기회가 생겨 사표를 내고 새 직업을 찾아 떠났던 것입니다.

처음 반응—그건 떠날 생각이었습니다. 항상 떠날 것만 생각하고 여러 번 떠나야겠다는 압박감을 받아왔습니다.

마침내 곧 떠나야겠다는 극한점에 이르렀습니다. 남은 문제가 있다면 어디로 가느냐입니다. 출발한다면…….

부적 태도의 결과로 실제 떠난 사람 말고도 응답자의 많은 사람들이 위의 인용과 같은 반응도 하였다. 그들은 사표 낼까 생각하거나 실제로 떠나는 단계를 밟았다. 즉, 광고를 읽거나 다른 회사나 직업소개소에 가서 상담하였다.

<표 11> 전직영향의 퍼센트

	고직무태도(High)	저직무태도(Low)		
	현재로선 알 수 없다	사표	단계취합	고려중
장기간	11	17	11	20
단기간	0	3	1	8
계	9	13	8	17

회사로부터의 이런 심리적 이탈의 의미는 무관할 수 없다. 고직무태도의 영향으로 이 요인에 관한 이야기를 한 사람은 직무에 대하여 긍정적 태도를 갖게 되어 사표를 내려고 했던 그 전 마음을 바꾸거나 다른 회사에서 오라는 제의를 거절하였다는 것이다(전직의 반대현상).

〈표 11〉에서 보는 것처럼 저직무태도의 약 1/8이 사표(Quit)로 나타났다. 저직무태도 집단 내에서 단기간 시퀀스에서보다 장기간 시퀀스에서 빈도가 높게 나타났다는 데 주목해야 한다. 그래서 단기간 시퀀스에 면직(Quit)으로까지 간 일은 드물다(3%). 그러나 장기간 저직무태도 시퀀스의 결과로 면직에까지 이른 비율은 놀랄 만큼 높다(17%).

실제로 사표 낸 사람 이외에 저직무태도로 보고한 다른 8%는 사표의 단계를 밟고 있다는 이야기이다(Took Steps). 단기간 저직무태도 전체의 1/10 이상이다. 장기간 저직무태도의 20%가 사표를 고려하였다(Thought of). 이리하여 장기간 저직무태도 전체(48%)의 거의 반이(20%) 실제로 또는 심리적으로 직무로부터 이탈하는 정도에까지 이르렀다. 이런 현상은 산업계에 분명히 어떤 암시를 준다. 이런 이탈의 대가는 돈으로 환산될 수 없다. 전직에 따른 수많은 비용, 인적 자원 충당의 어려움, 심리적으로 회사를 떠나는 직원, 여기서 발생하는 산업상의 손실을 그 누가 계산해 낼 수 있을 것인가?

직무에 대하여 가지는 개인의 책임감이 증대하는 긍정적 직무태도의 영향도 또한 평가하기 어렵다. 고직무태도의 약 1/10이 이런 영향에 대하여 말하는 것을 들었다. 그러나 이 정도까지 이른 사람은 다른 매력적인 직업소개 제의를 받은 적이 있거나 과거에 사표의 결심에까지 이르렀던 불만족감을 경험했던 사람이다.

직무태도와 전직과의 관계에서 나온 이런 결과는 Job Attitudes: Review of Research and Opinion(문헌23) 제4장에 나타난 연구와 아주 흡사하다. 그 장에서 보고된 대부분의 연구는 서민층의 응답자 보고에 기초를 두고 있다. 이 연구표집에서 나온 자료를 보면 전문가-관리층 수준에서도 이런 관계성이 적용된다는 신념이 굳어진다.

(3) 회사에 대한 태도

회사에 분명히 관계되는 다른 하나의 영향은 회사에 대한 개인의 태도이다. 사건에 의한 감정 때문에 회사에 대한 전체적 태도가 영향을 받았는지 안 받았는지 말해 주도록 응답자에게 요청하였다.

〈표 12〉에서 보는 것처럼 고직무태도를 이야기하는 중에 응답자의 거의 반(45%)은 대체로 회사에 대하여 더 호의적인 태도를 가지게 되었다는 하나의 결론을 말하였다. 1/4 약간 넘는 숫자(27%)가 저직무태도의 영향으로 회사를 일하기 나쁜 곳으로 생각하게 되었다고 주장하였다.

퍼센트는 두 집단 모두 큰 숫자이다. 종업원의 직무 만족의 정도를 변화시키면 종업원에게서 나오는 충성심의 정도도 달라질 것이라고 회사는 기대할지 모른다. 직무수행 영향 때와 마찬가지로 직무태도(High, Low)와 회사에 대한

태도(Attitude Toward Company)와의 관계성은 저직무태도 때보다 고직무
태도의 경우에 더 강하게 나타난다. 대단히 큰 숫자가 회사방침 근처를 맴도는
이야기라는 것을 볼 때 이것은 아주 놀랄 만한 결과이다. 이 자료 저 자료를

<표 12> 회사에 대한 태도변화의 퍼센트

	고직무태도(High)	저직무태도(Low)
	긍정적 변화	부정적 변화
장기간	48	34
단기간	31	11
계	45	27

뒤져보는 동안 직무태도가 중요한 영향을 미친다는 점과 긍정적 태도가 부
정적 태도의 경우보다 더 영향력이 크다는 데 대한 신념은 더욱 굳어졌다.

(4) 정신건강영향

정신건강 영향으로 분류되는 보고의 종류는 아주 다양하다. 일반적 경향의 하
나는 종업원의 복리에 해로운 영향을 나타낸다는 것이었다. 정신건강 영향의 개
개의 보고에서 이런 현상은 일시적이고, 대개는 정신병에 관련될 만한 그런 정
도는 아니었다. 두통·식욕상실·소화불량이나 구역질 증세는 신경성이나 정신
병 증세로 보기에는 좀 어렵다. 극소수이지만 실제 환자라고 하더라도 완전히
정신작용에 의한 것은 아니었다. 그러나 대개의 경우에 곤란한 것은 응답자가
모든 것을 직무에 대한 긴장의 탓으로 돌리는 것이다. 감독과의 싸움이 피할 수
없는 원인이 되어 편도선염으로 고통받고 있다는 것이 한 예이다.

면접하기 전에 정신건강 영향으로 분류되는 두 가지 기준을 미리 정해 놨
다. 첫째, 용어 문제이다. '우울(depression)·의기양양(elation)'은 불안을
내포하는 신경상태와 관련하여 사용되는 정신의학 용어이다. 이런 말은 고직
무태도와 저직무태도에서 면접 중에 자주 나오는 말이다. 이런 보고의 대부

분은 정신불안을 의미하는 일반증세가 수반되지는 않았다. 그러므로 부적응으로 다른 증세가 포함되어 보고되지 않는 한 의기양양이나 우울의 상태를 정신건강 영향으로 분석하지는 않았다. 연구자들은 이런 보고로 직무에 대한 긍정적 또는 부정적 태도의 일반형태를 나타내는 것으로 생각하였다.

둘째, 이 자료를 가지고 전체적인 정신건강 영향이 중요성을 평가하려고 하는 데 있어서 우리는 비교적 성공적인 사람이 집단(기사·회계사)을 다루고 있다는 것을 잊어서는 안 된다. 산업계에 있어서 불의의 상해 같은 것은 본 표집에서는 나타나지 않았다. 본 표집의 제한으로 이 연구의 모든 응답자는 관리-전문가의 지위에 알맞게 적응을 잘하고 있었다. 그래서 이 관리-전문가들이 저직무태도 기간에 사건에 어떻게 적응하려고 노력했는지 알아본다는 것은 퍽 인상적이다.

<표 13> 정신건강영향

| | 고직무태도(High) | 저직무태도(Low) | |
	향상	정신병	긴장감
장기간	14	5	23
단기간	0	3	19
계	12	4	23

저는 편도선염증이 있어요. 감독과 싸울 때마다 언제나 당하고 말죠. 그때마다 약을 먹고 나가요. 그만둬야겠어요. 그런데 퇴직할 나이가 4년밖에 안 남았으니……. 어디로 가지요?

내 분야의 일인데 과장은 나를 무시하고 한마디 말도 없이 나를 빼놓고 일을 처리한 것을 알고는 해고당하는구나 생각했어요. 그 후 나는 과음하게 되고, 담배도 많이 피우기 시작했어요. 전에는 한 번도 자동차 사고를 낸 적이 없었는데 그 달에는 두 번이나 사고를 냈어요. 체중도 20파운드나 줄어들었어요.

이런 증세가 반드시 직무태도 때문이라는 객관적이고 결정적인 증거가 없다는 것은 분명하다. 이런 태도 때문에 병이 생긴 것인지 알아내기 위한 실험계획을 세우기란 참으로 곤란한 일이다. 그러나 적어도 이들 둘 사이에 어떤 관계성이 존재할 것으로 보는 것은 확실하다. 자기들의 병이 직무에 대한 태도 때문에 생긴 것이라고 믿고 있었다. 이들의 신념이 맞는다고 할 만한 의학적·심리학적 이론이 있는 것은 아니다.

고직무태도에서 응답자의 12%가 정신건강 증세가 좋아졌다고 보고하였다. "그 결과 잠도 잘 자게 되고, 밥도 잘 먹게 됐어요.", "일반적인 만족감 때문에 잘 먹고, 일도 잘하고, 잠도 잘 자게 됐어요. 전에 불만족감은 신경질이 자주 나게 하고, 편히 쉬지도 못하게 만들었지요."

전직의 경우와 마찬가지로 이 12%는 최하로 잡은 것이다. 각 개인은 전에 정신 불건강 증세를 경험했어야 향상됐다고 보고할 수 있는 것이다. 그러므로 우리는 향상된 직무태도를 보고 심리적 적응에 관한 긍정적 영향을 완전히 평가할 수 없다고 보기 때문에 최하로 잡은 것이다.

지금까지 산업계에서는 종업원의 정신건강에 대하여 지대한 관심을 쏟아왔다. 여기저기 다른 분야에서도 관리에 주의를 기울이기도 하고, 또 직무태도가 정신건강에 결정적인 역할을 한다고 보고하기도 하였다.

(5) 인간상호관계 영향

관리직·전문직의 사람들은 자기 집까지 일거리를 가지고 가서 처리하는 일이 현저하게 있었다. 〈표 14〉에서 보는 것처럼 이야기해 준 사람들의 약 1/4이 직무태도 영향의 한 요소가 되어 인간관계에 현저하게 변화가 있었다고 보고하였다.

<표 14>인간상호관계 영향의 퍼센트

	고직무태도(High)	저직무태도(Low)
장기간	30	28
단기간	18	24
계	28	27

이런 변화의 대부분은 가정생활에서의 인간관계의 향상, 또는 저하에 관한 이야기였다. 사실상 많은 이야기들 중에서 그렇게 낮은 비율로 나타났다는 것은 놀라운 일일지도 모른다. 결국 연구자들은 이러한 면에서 특별한 것만 골라 질문한 것이다. 많은 응답자들이 직무에 대한 긴장감 때문에 가족까지 영향받지 않게 하였다고 아주 뚜렷하게 알려주었다. 그렇다고 이걸 보고 본 표집의 사람들이 심리적으로 건강하다는 증거라고 할 수 있는가? 아마도 이 문제는 이들이 부인에게 물어봤어야 했을 것이다.

보다 놀라운 사실은 제3부에 쓰게 되는데 일하는 중의 인간 상호관계에 대한 긍정적 또는 부정적 직무태도의 영향을 환경적 요인으로 설명하는 비교적 낮은 빈도라는 점이다. 연구자는 직무에 있어서의 인간 상호관계가 향상되었든 저하되었든 간에, 사건의 시퀀스의 한 부분으로 나타나는 현상이었는가를 알려고 하는 질문에 대한 '우연한' 대답이라고 이 카테고리를 분류하지는 않았다.

다른 두 가지를 〈표 14〉에서 찾아볼 수 있다. 첫째는 인간 상호관계 영향의 빈도에 있어서 고직무태도와 저직무태도 간에 별 차가 없다는 점이다. 직무에 대한 감정이 인간 상호관계 행위에 영향을 주는 정도는 무엇보다도 개인으로서의 심리적 역동성에 달려 있는 것 같다.

둘째, 의의 있는 차는 아니지만 단기간 시퀀스보다 장기간 시퀀스에서 인간 상호관계에 높은 빈도로 영향을 주는 경향이다. 장기간 시퀀스에서 빈도가 높은 경향은 저직무태도(Low)에서보다 고직무태도(High)에서 더 의미 있게 차가 있다.

(6) 태도적 영향

〈표 15〉는 태도적 영향에 대한 정보를 요약해 준다. 이 표는 직무태도의 결과의 전모를 그려낸 것이다. 직무에 대한 특수한 감정—이것이 사건의 각 시퀀스의 중심 주제가 된 것인데—이상의 다른 여러 태도에 변화가 생긴다. 연구자들이 시퀀스의 중요성을 만들어낼 때(제2장 참조) 이 변화에 기초를

둔 정보를 가지고 만든 것이다. 다른 정보는 응답자들이 같이 얘기해 주었거
나 요인이나 행동적 영향에 대한 질문에 답해 줄 때 나왔다.

고직무태도에서 뚜렷이 나타나는 태도적 영향의 종류와 저직무태도에서
나타나는 것 사이에는 의의 있는 차가 있다(〈표15〉 참조).

<표 15> 태도적 영향의 퍼센트

태도의 대상	고직무태도(High)	저직무태도(Low)
개인에 대한	6	27
회사에 대한	45	27
직업에 대한	17	11
안정에 대한	7	5
자신감에 대한	26	4
계	71	56

직무에 대한 긍정적인 감정의 결과는 회사에 대한, 그리고 파업까지, 자신
감의 증가에 대한 개인의 태도에까지 고직무태도가 더 높은 빈도이다. 직업
에 대한 긍정적 감정의 증가뿐만 아니라 이 태도적 영향은 단기간 시퀀스에
서보다 장기간 시퀀스에서 훨씬 더 크게 나타난다.

저직무태도의 태도적 영향은 개인 자신과는 거리가 먼 것이다. 타인에 대
한 반응의 제2수준 요인이 중요하다는 관점으로 볼 때, 저직무태도에 있어
서의 일반적인 공통 특색의 하나는 특수한 개인, 흔히 감독에 대한 태도에
변화가 있다는 점은 일관되는 현상이다.

직무수행 영향에서와 마찬가지로 만족과 불만족의 경향을 비교해 볼 수 있
다. 전직·정신건강 영역은 만족과 불만에 똑같이 나타나지 않았는데 이 태도
적 영향은 그렇지 않아서 대조가 된다. 높은 사기는 낮은 사기보다 생산에 영
향을 더 줄 것이라는 직무수행 영향분석에서 나온 결론을 〈표 15〉는 강화해
준다. 능동적 영향의 숫자만 봐도 고직무태도가 의의 있게 더 크다. 몇 개의
집단으로 분류될 수 있는 각 집단에서 시퀀스의 수를 대조시켜 봐도 비교가
될 수 있다. 개인에 대한 태도적 영향은 고직무태도(High)에서보다 저직무태

도(Low)에서 더 빈도가 높다. 더구나 태도적 영향이 단기간 시퀀스에서보다 장기간 시퀀스에서 더 빈도가 높게 나타난다고 하더라도 이 차의 크기는 고직무태도에서보다 저사기에서 의의 있게 더 크다. 만일 사건의 시퀀스가 오랜 시간 범위에 걸쳐 일어나지 않는다면 태도적 영향은 저직무태도에서 일어날 것 같지 않다는 주장이 된다. 이런 차가 고직무태도에서 생기지만 단기간 고직무태도 때문에 여러 태도에 지속적인 변화를 가져올 기회는 크다. 이런 사실은 고직무태도를 가지는 동안의 직무에 대한 구체적 태도가 사건의 기간 이상 지속될 것 같다는 먼저 번의 우리 연구결과를 확대해 준다.

(7) 요인과 인적 변인에 관련된 영향

영향에 관하여 검증한 가설은 두 가지가 더 있다. 즉, 태도의 원인이 되고 요인에 의하여 영향은 달라질 것이고, 또 하나는 개인의 특성에 따라 영향은 달라질 것이라는 점이다. 두 변인에 의한 이 가설은 부정되었다. 이미 언급한 바 있는 책임감과 일 자체의 두 개의 예외 요인을 제외하고는 여러 요인에 의하여 생기는 영향은 비율로 보아 근본적인 차가 없었다. 많은 요인이 똑같이 고직무태도나 저직무태도를 갖게 하지 않는 것 같다는 것이 우리 연구의 기본 결과이다. - 그러나 어떤 요인에 의하여 한 태도가 형성된다면 다른 요인에 의하여 생긴 태도도 마찬가지로 하나의 영향을 낳게 할 것 같다.

마찬가지로 개인의 여러 카테고리, 즉 회계사 대 기사, 연령·직무수준 등에 의하여 보고한 것처럼 영향에는 이런 인적 변인에 따라 거의 차가 없다. 차가 있다면 극히 소수이고 암시적일 뿐인데 다음 장에서 논의하게 된다. 몇 개의 예외를 제외하고는 영향은 면접한 개인변인에 상관없이 대략 같은 정도로 나타났다고 말할 수 있다.

이런 결과는 중요한 의미가 있다. 이 결과는 모든 조건하에서 표준의 모든 개인에게 태도가 똑같이 나타날 가능성이 있다는 것을 암시해 준다.

(8) 요 약

본 장에서 논의된 자료는 두 가지로 요약할 수 있다. 첫째, 직무태도는 하나의 강력한 힘이고, 산업에 있어서 일하는 힘이 되는 생산성·안정성·적응성과 기능적으로 관계를 맺는다. 둘째, 앞장에서 전개된 만족 요인과 불만족 요인의 차는 요인에서 질적 차가 내포될 뿐만 아니라 영향에서는 주로 양적 차가 내포되었다. 특히 고직무태도의 긍정적인 면으로의 영향은 저직무태도의 부정적인 면으로의 영향에서보다 더 잠재되어 있다.

10. 개 인

이 실험에서 연구된 규모의 표집을 몇 개의 다른 카테고리로 나누어 요인이나 영향의 분포를 분석한다는 것은 극히 조심해서 다루어야만 할 것이다. 이런 귀납적 연구의 목적으로 보아서는 이 연구의 표집이 지나치게 작은 것은 아니지만, 인적 집단으로 나누어 분석하려면 표집의 크기에 제한을 받는다는 것은 사실이다. 그래서 연령·직업에 있어서의 지위계층수준·교육정도 같은 개인 차원으로 표집을 나누어 연구하는 것이 필요하지만 한 번에 한 개 변인 이상 비교하려고 한다면 개인 집단의 수는 형편없이 진다. 예를 들면 기사와 회계사를 비교하는 것은 가능할지 모르지만 젊은 회계사와 젊은 기사, 특히 여기에 교육수준 변인까지 끌어들여 비교하려고 시도한다면 개인 카테고리의 표집의 크기는 너무나 작게 되어 쓸 수 없게 된다. 그러나 우리는 한 번에 하나의 변인만으로 제한하고, 또 이를 분석하여 나온 결론이 잠정적이라는 것을 알면, 응답자의 개인특성이 사건의 시퀀스에 어떻게 작용하여 관련되는지 조사할 수 있다

(1) 저직무태도에 있어서의 차

이런 분석을 하고 첫 번째 발견된 사실에 깜짝 놀라게 됐다. 제1수준·제2수준 영향이 나타나는 빈도를 주요 인적 변인별로 비교하였다. 그랬더니 저직무태도에서는 의미 있는 차가 없었다. 즉, 회계사냐 기사냐, 연령이 많으냐 적으냐, 교육을 받았느냐 안 받았느냐, 상위 직무냐 하위 직무냐는 문제가 되지 않았다. 같은 종류의 객관적 환경에서는 모든 응답자가 다 저사기를 갖게 되었다. 또 같은 영향을 받았다. 제2수준도 대략 표집의 다른 종류의 집단에도 비슷한 비율로 나타났다. 이런 사실은 다른 '불만족 요인'도 마찬가지로 나쁜 사기를 갖게 하는 원인이 될 가능성이 있다는 이 책에서 이미 말한 의미를 강조해 준다.

어떤 확고한 결론을 내릴 만큼 충분한 숫자는 아니지만 저직무태도에도 약간의 차는 있었다. 그 약간의 차는 상황이란 말로 설명할 수 있을 것 같다. 본 표집에서 연령이 많고, 대학교육을 받지 못한 사람보다는 젊은 사람, 대학출신이 더 높은 빈도로 일 자체 요인 때문에 나쁜 감정을 가지게 되었다고 말하였다. 젊은 사람과 대학출신의 두 집단은 발전 지향적인 것 같다. 이들은 지루하고, 완성되지 않은 일에 대하여 민감하기 때문이라고 생각할 수 있다.

직무-관련요인이 저직무태도에서 나타나는 데도 각 집단 간에 큰 차가 없는 경향이고, 고직무태도에서 인간 상호관계의 특징이나 다른 '환경적' 요인이 나타나는 데도 빈도에 큰 차가 없다는 사실은 보다 중요한 결론이다. 어떤 집단에 속해 있는 사람이라도 비슷하게 다른 사람과의 관계가 나빠지게 되고, 회사 분위기와 회사방침에 부정으로 반응하게 되어 마침내 저사기 기간(저사기기간)에 빠지게 되는 것이다.

(2) 고직무태도에 나타난 요인

인구통계적 분석의 결과로 제1수준 요인이 나타나는 빈도로 보아 5개의 의의 있는 차가 있다. 이 중에서 4개는 아주 재미있는 형태로 나타나는데, 이것은 Job Attitudes: Review of Research and Opinion(문헌 23)에서 예증해 낸 사기조사를 생각하게 한다. 인정감에 대하여는 낮은 교육수준보다는 높은 교육수준을 가진 사람이 더 높은 빈도로 말하였다. 회사에서 낮은 지위에 있는 사람보다 높은 지위에 있는 사람이 인정감과 성취감에 대하여 더 높은 빈도로 말하였다.

끝으로 젊은 연령층의 사람보다 나이 많은 연령층에 있는 사람이 더 높은 빈도로 성취감에 대하여 말했다. 교육수준과 연령은 서로 밀접한 관계가 있지만 완전히 역의 관계에 있는 것 같다. 그래서 만족 요인에 대하여 높은 빈도로 말하는 집단을 둘로 구분할 수 있다. 이것은 시퀀스의 시간으로 보아 연령과 지위에 따른 분석이다.

Job Attitudes: Review of Research and Opinion(문헌 23) 제2장의 사기에 관한 많은 인구통계적 연구결과에 의하면 최고로 높은 사기는 연령이 높은 집단, 직업수준이 높은 집단, 좀 낮은 범위까지 확대하여 보면 교육수준이 높은 집단에서 발견되었다. 사기조사에서 높은 지위에 해당하는 집단이 또한 우리의 연구방법으로 확인된 직무-관련요인에 대하여 더 자주 말할 것이라는 사실은 재미있는 일이다.

이 결과를 어떻게 설명할 것인가? 2개의 가능한 설명이 있을 수 있다. 첫째, 이 고위직 집단은 나머지 다른 집단보다 만족 요인이 더 잘 나타날 수 있는 상황에 있다고 설명할 수 있다. 이들은 보다 책임 있는 자리에 있고, 보다 고도의 기능을 요하는 위치에 있고, 다른 보통의 종업원보다 소위 일을 종결하는 자리에 있는 것이다. 또 다른 가능한 설명은 만족 요인의 실제 빈도가 높은 것이 아니고, 다른 사람들보다 더 적극적으로 만족 요인에 반응하는 것이 이 사람들의 특징이라는 것이다. 가장 책임감이 있고, 창의적이고, 명석한 사람들은 아마도 교육수준, 지위가 높은 집단과 가장 정력적이고 창의성이 높은 연령집단에서 발견될 것이다.

상기 두 가능한 설명에는 모두 장점이 있는 것 같다. 즉 전체 범위에 있는 직업과 상황에 따라 만족조건이 직무와 관련되는 정도에는 객관적인 차가 있는 것 같다. 이 연구표집에 뽑힌 사람은 모두 창의적인 일을 할 수 있는 직무를 담당하고 있는 것이다. 그래서 이들은 모두 만족 요인을 포함하는 상황에 대하여 말해 줄 수 있는 것이다. 사실상 거의 모든 사람이 말을 잘해 주었다. 이 연구와 다른 연구의 평균보다 높은 사기를 보여준 이 표집의 어떤 개인적 구성 요인에도 또한 원인이 있을 것 같다. 상황적 구성요소와 대조되는 이 개인적 구성요소가 높은 사기와 사기의 영향에 어느 정도 결정적인 역할을 하나 밝혀야 하는 것이 앞으로의 연구과제이다.

(3) 기사와 회계사

〈표 16〉을 보면 우선 두 전문가 표집의 결과에 있어서 비슷하다는 것을 알 수 있다. 특히 저직무태도 전체에 있어서 의의 있는 차가 없다는 데 주의해 봐야 한다. 저사기를 갖게 하는 상황의 종류는 기사와 회계사 집단에 똑같은 조건으로 가능하고 똑같은 조건으로 가능치 않기도 하다.

고직무태도에 있어서는 약간의 차가 나타났다. 그러나 이 차를 주요 주제로 고려할 만한 것은 못 된다. 예를 들면 기사나 회계사 둘 중의 하나가 고직무태도에 있어서 외적 요인으로, 저직무태도에 있어서 직무—관련 요인으로 두드러지게 보고하는 경향을 우리가 발견하였다면 그때는 이 연구결과의 일반화를 의심하게 되는 이유가 된다. 그러나 차가 있다면 직무에 대하여 긍정적인 태도를 갖게 하는 데 중요한 역할을 하는 만족 요인의 다른 쪽을 강조하는 정도이다.

이런 차를 가져오는 데는 아마도 상황적 요인 때문인 것 같다. 그래서 기사가 책임감에 의의 있는 차로 높은 빈도를 보여준 데 비하여, 회계사는 승진에 높은 빈도를 보여줬다는 데 주목할 수 있다. 회계사의 직무책임 증가는 지위에 따라 변하는 것 같다. 예를 들면 기사보다 회계사가 제2수준 성장가능성에 더 높은 빈도를 보여준 것이다. 이 차는 아주 근소한 의미의 차다. 기사, 특히 본 표집의 기사 중에는 계층이 고정적이다. 그래서 공식적인 지

위의 변화 없이 새로운 책임만 늘어난다는 이야기를 많이 들었다. 한 설계기
사는 아주 작은 한 부분의 일을 맡아서 하던 일상 과업 대신 새로운 기계제
작을 완성하기까지를 감독하라는 요청을 받았을 때 흥분하였던 일에 대하여
보고하였다. 이것이 공식적인 지위 변화 없이 부가되는 책임의 한 예이다.
회계사는 계층이 체계화되어 있어 이런 일이 있을 것 같지 않다.

<표 16> 기사와 회계사의 비교

	고직무태도(High)		저직무태도(Low)	
	기사	회계사	기사	회계사
제1수준 요인				
인정감	33	34	19	17
성취감	43	38	10	4
성장가능성	3	9	10	6
승진	14	27*	9	15
보수	15	15	18	16
인간상호관계-상급자	5	3	13	18
인간상호관계-하급자	5	6	1	5
인간상호관계-동료	2	4	10	5
감독-기술	3	2	22	18
책임감	28	17**	4	7
회사방침과 행정	3	2	27	37
근무환경	2	0	9	13
일 자체	33	17**	14	15
개인생활	2	0	5	7

	고직무태도(High)		저직무태도(Low)	
	기사	회계사	기사	회계사
신분	5	4	3	6
직무안정	0	1	1	2
제2수준 요인				
인정감	54	64	24	17
성취감	58	54	21	17
성장 가능성	33	49*	32	35
승진	4	1	2	2

	고직무태도(High)		저직무태도(Low)	
	기사	회계사	기사	회계사
책임감	35	25	6	11
집단의식	8	12	4	2
일 자체	37	18**	13	12
신분	18	18	9	12
안정성	6	8	6	13
반응	4	1	40	35
긍지 · 죄책감 · 적응성	14	3	17	10
보수	15	25	13	14

* 기사와 회계사의 차는 .05 수준에서 의의 있다.
** 기사와 회계사의 차는 .01 수준에서 의의 있다.

상황적으로 결정되는 다른 차는 회계사보다 기사가 일 전체의 실질적 수행에 높은 빈도를 보여줬다. 일에 관심을 갖는 제2수준 요인과 직무수행 영향은 기사에게 더 자주 나타난다. 대개 기사의 일상적인 일이 고도의 전문을 요한다고 하더라도 회계사보다 기사가 더 일에 매력을 느끼는 것 같다. 이것은 기사가 직무에 대하여 좋은 감정을 가지는 때에 대하여 많이 말하는 것이 반영된 것인데 그렇게 놀라운 사실은 아니다. 이미 논의된 바와 같이 직무수행에 관심을 갖는 것은 그것이 일에 대한 기본 동기의 구성요소라 하더라도 그렇게 중요한 것은 아니다. 직무에 관심을 덜 갖는 회계사가 내적 요인에 낮은 빈도를 보였다는 사실로 보아 동기는 직무에 관심을 갖느냐에 근본적으로 바탕을 두지 않고, 심리적 과정과 더 근본적으로 관련된다고 주장할 수 있다.

(4) 요 약

요약하자면 요인과 영향이 개인 사이에 차가 없다는 이 연구의 결과를 이 표집뿐만 아니라 널리 일반화할 수 있을 것 같다. 이것은 하나의 추론에 불과하다. 이 책에서 연구 추진된 가설을 보다 큰 대표집, 보다 광범한 교육수준, 다양한 직업배경을 가진 표집으로 검증할 필요가 있다. 이런 대표집, 다양한 표집에서 나온 개인의 차는 이 연구의 작은 표집보다 차가 있는지 없는지 뚜렷하게 나타날 수 있다. 이 연구절차를 조립공장의 일반 종업원에게 적용하여 연구한다면 이들 직무에서는 우리 연구에서 나온 그런 만족 요인이 나타날 수 있는 가능성이 희박하여 우리 연구의 고직무태도에서 나온 그런 자료가 나온다고 보장하기 어렵다. 또 저직무태도에서의 질이 여러 수준, 여러 학력 집단에 따라 변하지 않을는지 궁금하다.

자료를 검토하고 보니 한 가지 더 생각해야 할 점이 있다. 즉, 훈련에 의하여, 또 자신에게 일어났던 먼저의 일에 의하여 직무환경과 관련된 요인에 긍정적으로 반응한 사람이 있을지도 모른다. 고직무태도에서 이런 환경적 요인과 관련된 소수의 이야기를 한 사람이 있는 것을 봐도 알 수 있다. 만일 광범한 작업 집단을 대상으로 연구한다면 직무에 대하여 고도로 긍정적인 태도를 가질 때에 인간 상호관계와 다른 외적 요인(우리 연구의 불만족 요인) 이야기를 하는 사람들의 특징에 주의하여 연구해야 할 것이다. 아마 다른 종류의 전집, 예를 들면 세일즈맨, 생산감독 같은 사람을 대상으로 하면 직무의 성격 때문에 어떤 다른 카테고리에 높은 빈도를 보일 것이라 생각해 볼 수도 있다. 이들 개인의 연구는 새로운 표집 선발기준을 개발하는 데 있어서 아마 아주 중요하게 될 것이다. 환경적 요인에서 만족을 얻는 사람은 직무-관련 만족감은 갖지 못할 것이라고 생각할 수 있다. 또한 그 반대도 생각해 볼 수 있다.

제Ⅲ부

적 용

제Ⅲ부는 이 연구의 결론 부분이다. 전장까지 분석해 오는 동안 우리가 택한 접근이 성공적이었다는 것을 알게 되었다. 동일 집단의 보고로 요인 (Factors)−태도(Attitudes)−영향(Effects)을 단위로 연구 출발하였다는 것이 기억날 것이다. 그러나 우리의 분석이 뚜렷이 F-A-E 단위로 제한되어 설명되었다는 인상은 아닐 것이다. 객관적 입장에서 요인을 따로 분석하고, 개인의 심리적 반응 면에서 요인을 분석하고, 마지막으로 영향을 분석하였다. 그러나 논의를 전개하는 동안 이런 요인과 영향과의 상호관계성을 취급할 수도 있었고, 자료의 성질을 논할 때 각 시퀀스의 구성요소를 앞뒤로 바꾸어 설명하기도 하였다.

이제 우리의 연구결과를 더 넓은 의미로 확대 설명하고자 한다. 우리가 이미 진술한 연구목적에는 인간의 직무에 대한 태도를 새로운 관점에서 탐구하고자 하는 것도 포함되었다. 우리가 수집한 어떤 의미를 더 첨가시켜 설명할 수 있을 것인가? 이런 질문에 대한 해답을 다음 세 장에서 얻을 수 있을 것이다.

첫 11장에서는 우리가 당초에 설정했던 가설을 재진술하고 확대하고자 한다. 만족 요인은 불만족 요인과 다르다는 문헌연구 분석에서 나온 잠정적인 가설이 충분히 긍정적인 것으로 밝혀졌다. 우리의 연구결과를 가지고 이 만족 요인과 불만족 요인의 차의 성격을 이미 다룬 것보다 가능한 한 더 명백하게 지적하고자 한다. 12장에서는 주요 결과를 구체적으로 어떻게 적용할 것인가에 대하여 다루고자 한다. 마지막 13장에서는 일의 역할에 대한 학문사회의 사고로부터 추출된 보다 광범한 체계 속에서, 직무태도의 기초에 대한 이 '새로운 관점(New Look)'을 제시하고자 한다. 적용을 위한 제의로 이 책을 끝맺고자 한다.

11. 가설의 재진술 및 확대

이 연구는 가장 많이 연구되는 직무태도 영역과 관련된다. 이 연구에서 중심이 되는 질문은 "인간은 자기 직무로부터 무엇을 원하는가?" 하는 것이다. 1920~1954년에 간행된 총 1백 55편의 문헌을 분석해 봤는데 모두 이 질문에 대한 해답에서 나온 자료였다. 〈그림 2〉는 이 질문에 대한 관심이 계속 증가하고 있다는 것을 보여준다. 1920~1924년의 5년간에는 단 한 편의 연구가 이 질문과 관련된 것이었다. 1950~1954년의 5년 동안에는 이런 연구가 67편이나 발행되었다. 이렇게 연구들이 늘어남에 따라 이 영역에서 계속적으로 의견이 나오고, 권고가 있는데 이를 참고하여 맺은 결론은 이 질문에 대한 해답을 종업원의 성공적인 동기가 된 생생한 원천에서 찾아야겠다는 것이었다.

종업원이 자기 직무로부터 무엇을 얻고자 하는가에 대하여 아는 것은 건전한 인사정책의 기본이 된다는 사실은 산업 분야에 있어서 거의 하나의 공리처럼 되어 있다. 실제 문제로 건전한 인사행정은 직원이 자기 직무에서 욕구를 충족시키고 있느냐 하는 요인에 바탕을 두어야 한다는 것도 똑같은 하나의 공리이다. Harvard Business Review에 게재된 맥머리(Robert N. McMurry)의 최근 논문에서 실제로 이 문제를 다루었다. 오늘날 산업사회에서 '인본적, 또는 민주행정 계획'을 실현하려는 과정에서 걸림돌이 되는 것으로 맥머리는 자기 손아귀에 전 권력을 장악하려는 상사의 욕구, 일률적 단일 행정을 하려는 욕구, 대부분 회사의 관료적 전통성을 들고 있다(문헌 44).

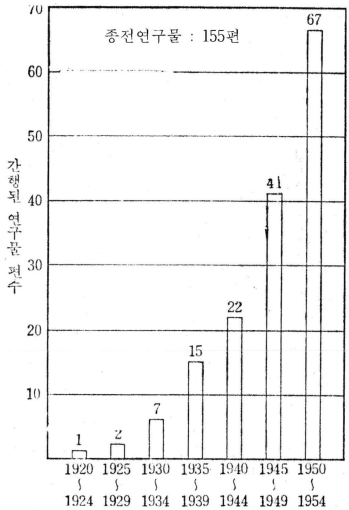

<그림 2> 직무요인과 직무태도에 관한 연구간행물

Frome F. Herzberg, B. Mausner, R. Peterson, and D. Capwell.
Job Attitudes: Review of Research and Opinion, Psychological
Service, Pittsburgh, Pennsylvania, 1957.

이것은 연구와 전문지식을 요하는 광범하게 개방된 분야이기 때문에 인사행정 철학을 선택하려면 인간의 욕구에 관한 적합한 가정에 대한 확신이 서야 한다. 동기와 사기에 대한 '현대' 인간관계론 접근의 신봉자들은 종업원의 기본 욕구를 위해서는 존엄성과 그 사람의 유일한 개성 의식을 가지고 대해야 한다는 많은 연구에서 충분한 지지를 찾을 수 있을 것이다. 동시에 산업관계 '실천'파들은 인간은 오로지 전능한 돈만을 위해서 일한다는 관점을 지지해 주는 연구뿐만 아니라 실제 경험을 통해서 많은 자료를 찾을 수 있다. 경험과 연구의 양극단의 입장 간에는 장단점이 있지만 하나의 증거로서는 모두 가능하다. 사회과학자들은 자기들 연구에서 나온 자료를 모아보면 "인간이 직무에서 무엇을 원하는가?"라는 근본적인 질문에 맞는 답을 찾을 수 있는 증거가 된다고 믿는다.

이에 대한 제일 분명한 설명은 채택한 연구방법과 연구설계의 질에도 많은 차가 있다는 점을 지적한다. 질문의 문구만 조금 바꾸어도 수집된 정보에는 큰 차가 생긴다. 마찬가지로 연구 전집의 성격에 따라서도 연구결과에는 심한 영향을 미치게 된다.

그러나 많은 인사행정가들은 종업원의 동기가 불합리하다는 증거로 종업원이 말한 직무욕구는 때에 따라 자꾸 변한다는 입장을 취하고 있다. 개인이 자기 직업에서 원한다고 말하는 것은, 변하고 또 체계적이 아니기 때문에 건전한 인사담당자라고 하는 사람도 개인이 말하는 것이나 원한다고 말하는 것을 무시해 버린다. 이런 현상이 회사의 의사소통 매체에 자주 나타난다. 정보는 보너스 프로그램, 직무안정, 안전, 현장의 회사지도성, 자유경영 경제체제에 널리 보급되어 있다. 이런 프로그램의 목적은 외면상으로는 종업원에게 회사에 대한 정보를 주기 위한 것이지만, 또 하나의 중요한 것은 종업원이 만족을 얻을 수 있는 영역으로 관심을 돌리려는 것이다. '가부장적(paternalistic)' 경영의 실패 경험을 통하여 종업원이 알맞은 직무욕구를 가질 수 있도록 해야겠다는 새로운 접근의 필요성이 대두하게 되었다. 경영에서 종업원의 욕구를 예상하려고 시도한 경영-종업원을 일치시키려는 연구에서도 경영은 타당한 예상을 할 수 없다는 것을 보여왔다는 것은 주목할 만한 관심거리이다(문헌 28). 더 체계적이고 직접적인 방법으로 종업원을 '교육'시키려고 노동조합은 시도하였다. 노동조합의 연구도 경영의 실제에서 종업원이 원하는 것이 무엇인가 예측하려는 데 실패한 것처럼 거의 실패했다(문헌 49, 50). 그렇지만 종업원이 원하는 점을 찾아내려는 경영자와의 대결적 연구에서 조합 측이 월등하게 성공적이었다.

　종업원의 동기를 관찰한 다른 연구자들은 종업원의 욕구가 바뀌는 데 일정한 순서가 있는 것 같다고 생각했다. 이 사람들은 인간의 여러 욕구는 계제상에 놓여질 수 있다는 매슬로우(Maslow)의 욕구계제 동기이론을 채택하는 것이다. 이 이론에 의하면 '하나의 욕구가 일단 잘 충족되면 다음에는 보다 높은 욕구가 우세하게 나타나 차례대로 그 사람의 의식생활을 지배하게 되고, 조직행위에서 중심 역할을 하게 된다. 그 이유는 충족된 욕구는 동기요인으로 작용하지 않기 때문이다.'(문헌 40, 41)

　매슬로우의 체계에서 첫 번째 단계는 유기체의 동기에 있어서 최초의 가장 우세하게 나타나는 기본적인 생리적 욕구로부터 시작된다. 그리고 그보다 덜 우세한 생리적 욕구단계로 올라간다. 그러나 이 욕구는 생리적 욕구가 충족되고 나서야 더 우세한 것으로 나타난다. 이 개념이 직무동기 문제로 확대될 때, 현대는 기본적·생물적 동기는 일반적으로 충족될 수 있는 충분한 수준에 있기 때문에 계제는 개인의 여러 심리적 욕구와 사회적 욕구에 놓이게 된다. 이 개념이 종업원으로 하여금 자기 직무에서는 결코 만족할 수 없다고 느끼게 만든다. 일련의 욕구가 계속해서 변하며 나타나는데 어떻게 종업원을 동기부여할 수 있겠느냐 하는 딜레마를 해결할 수 있겠는가? 각 개개인이 한꺼번에 각각 다른 여러 개의 심리적 욕구를 제시할 때 전 종업원의 가장 우세한 욕구를 충족시켜 주려고 하는 체계적인 인사방침은 실패하게 된다. 각 개인의 '욕구계제'를 잠시 생각지 말고 각 집단에 비교적 비슷하게 처리해도 괜찮을 만큼 충분한 동질성이 있다고 주장할 수도 있다. 그렇다고 인정해도 집단의 욕구의 우세성에 변화가 있고, 이에 따라 인사행정도 변해야 하는 것이다. 이

점을 옳다고 보는 사람은 인사행정을 노동자와 경험자 사이의 타협의 본질로 삼으려고 할 것이고, 다른 사람은 인사행정이 종업원의 욕구에 의하여 계속적으로 나타나는 변화에 민감해야 한다고 주장할 것이다. 이 같은 일은 감독자만이 해결할 수 있기 때문에 인간 동기를 이해하도록 감독을 훈련하는 일, 동기를 강조하는 요인, 그것을 다루는 치료적이고, 조작적인 기술은 산업관계 프로그램에 있어서 가장 근본적인 요소가 된다.

직무태도 연구에 있어서 일반법칙을 가지고 설명할 수 없다는 점을 이상하게 생각한다. "인간이 자기 직무로부터 원하는 것이 무엇인가?"라는 질문에 대한 대답은 항상 "사정에 따라 다르다."는 것뿐인가? 기업체와 개인의 양자에게 보다 나은 동기로 보상을 받을 수 있다면 우리는 확신컨대 그렇게 비관적 접근밖에 없다고 할 필요는 없다. 우리의 문헌연구와 본서의 제8장에서 제시된 결과로부터 일련의 체계적인 관계성을 추출할 수 있다. 연구를 설계할 때 직무 불만족을 가지게 하는 요인을 찾아내려고 할 때와는 반대로 연구설계가 직무에서 행복을 느끼게 하는 것을 찾으려 할 때는 다른 결과가 나왔다는 사실은 문헌조사에서 주목할 만한 것이다. 우리의 연구에서도 자기 직업에서 행복감을 갖게 하는 요인은 불행을 느끼게 하는 요인과는 다르다는 것이 밝혀졌다. 이 결과를 본 장에서 제기되는 일반문제에 어떻게 적용할 것인가?

과학적 사고의 전통적인 기본 개념의 하나는 연속선상에 작용하는 변인을 포함시키는 것이다. 이에 의하면 직무태도에 영향을 주는 요인은 똑같이 긍정적 영향을 주거나, 똑같이 부정적인 영향도 주게 되어 사기를 증가시키거나, 사기를 저하시키게 된다는 것이다. 종업원이 자기 직업에서 무엇을 원하느냐에 대하여 혼란이 생기는 것은 직무태도에 영향을 주는 요인이 이런 연속선에 따라 작용한다고 보는 사고방식 때문에 생긴다. 그러나 그렇지 않다면 어떻게 될까? 직무태도에 긍정적인 방향으로만 영향을 주는 요인이 있다면 어떻게 될까? 만일 그렇다면 이런 요인이 나타나면 개인의 직무 만족을 증진시키는 데 작용할 것이고, 이런 요인이 나타나지 않으면 필연적으로 직무 불만족을 갖게 하지는 않을 것이다. 이론적으로 한 개인이 자기 직무에 대하여 긍정적 태도도 아니고 부정적인 태도도 아닌 중간 지점에 있다면, 이런 요인을 '만족 요인'이라 부르는데 이 요인은 중간 지점을 넘어서 직무 만족을 증진시킬 것이다. 이런 요인이 충족되지 않는다고 해도 중간 지점 수준으로 떨어질 뿐이지 불만족한 종업원으로까지 떨어지게 하지는 않을 것이다. 이와 반대로 '불만족 요인'으로 작용하는 요인 집단이 있을 것이다. 이 부정적인 요인이 나타나면 불행한 종업원이 되게 된다. 그러나 이런 요인이 충족된다 해도 행복한 종업원이 되지는 못한다. 이 '만족 요인'과 '불만족 요인'의 근본적인 차이는 종업원의 직무태도를 결정하는 데 오로지 한쪽 방향으로만 작용한다. 이것이 이 연구 가설의 하나이다. 물론 이 자료에서 한쪽 방향으로만 영향을 주는 것은 만족 요인에 있어서보다는 불만족 요인에 있어서 더 확실하게 나타났다.

만족 요인이나 불만족 요인의 집합 안에서 작용하는 '욕구 계제'가 변할 가능성은 아직도 있다. 이 집단의 구성요소 중에서 중요한 순서에는 어떤 공통적인 생리적 특성을 종업원들이 가지고 있는 집단이냐에 따라 단일 형태일지도 모른다. 지금까지 살펴본 것처럼 이 연구의 자료를 가지고 어떤 결정적인 속단의 결론을 내릴 수는 없다. 앞으로 더 연구해야 여러 만족 요인이나 불만족 요인에서 중요한 순서를 정확히 말할 수 있을 것이다. 그렇다고 해도 다음으로 중요한 것은 상황이나 우리가 연구하는 대상이 어떤 사람이냐와 관련지어 생각할 수 있을지 모른다.

이렇다면 이 연구에서 직무태도를 분석하는 데 최소한도의 안전선을 제시할 수 있을 것이다. 그러므로 인간의 직무수행에 대한 욕구연구에서는 어떤 안전한 결론을 내릴 수 없다는 지금까지의 숙명적인 가설을 한 단계 뛰어넘을 수 있는 것이다. 다음 장에서 좀더 자세히 여기서 소개되는 구체적인 요소를 어떻게 산업계에 적용할 것인가에 대하여 살펴보고자 한다.

12. 동기 대 위생

"인간은 자기 직무로부터 무엇을 원하는가?"라는 질문에 대하여 간단히 요약해 보기로 합시다. 이 연구의 응답자들이 자기 직무에서 행복감을 느낀다고 보고하였을 때, 응답자들은 자기들 과업, 또 직무수행에서 성공적이었다고 한 사건, 그리고 전문적 성장 가능성과 관련되는 요인에 대하여 가장 빈번히 말하였다. 반대로 불행감이라고 보고되었을 때 요인은 직무 자체와 관련되었다기보다는 직무수행을 '둘러싼' 환경과 관련되었다. 이 사건들은 직무를 수행하는 환경이 불건전한 심리적 근무환경의 대표가 되는 불공정하다거나 원칙이 없다는 것을 개인에게 암시해 준다. 상황에 들어가는 이런 요인을 '위생' 요인이라 부르는데, 이 요인들은 의학에 있어서 위생의 원리와 비슷하기 때문이다. 현대식 오물처리, 먹을 물의 정화, 공기오염 방지 등은 병을 직접 치료하지는 못하지만 이런 위생이 없다면 우리는 더 많이 병에 걸리게 될 것이다. 이와 마찬가지 이치로 직무환경에 있어서 해로운 요인이 있을 때, 이 요인은 나쁜 직무태도를 갖게 한다. 이 위생요인을 개선하면 긍정적인 직무태도를 가로막는 걸림돌을 제거하게 되는 셈이다. 위생요인으로는 감독, 인간 상호관계, 물리적 근무환경, 보수, 회사방침과 행정의 실제, 상여금, 직무안정 등이다. 이 요인들이 종업원이 감내할 수 없는 수준 이하로 떨어질 때 직무 불만족이 나타난다. 그러나 그 반대현상은 일어나지 않는다. 직무상황이 적정상태가 되면 불만족하지는 않을 것이다. 그렇다고 긍정적인 직무태도를 갖지는 못할 것이다.

긍정적인 직무태도를 갖게 하는 요인도 직무 속에서 자아실현을 하려는 개인적 욕구를 충족시켜 준다. 인간의 궁극적인 자아실현이나 자기실현의 개념은 많은 인성이론가들의 사고의 초점이 되어왔다. 융(Jung), 아들러(Adler), 설리번(Sullivan), 로저스(Rogers), 골드스타인(Goldstein) 같은 사람은 인간 자신의 천부의 잠재능력을 살려 실현가능한 선에서 창의적이고, 특유한 개인으로서 자기실현을 성취하는 것이라고 하였다. 이런 목적에서 빗나갈 때는 융이 말한 것처럼 '날갯죽지 부러진 날짐승'격이 되고 만다.

　인간은 자기의 모든 생활영역에서 자기 자신을 실현하려는 경향이 있고, 자기 직업을 가장 중요한 부분의 하나로 여긴다. 직무수행을 둘러싼 환경은 이런 기본적 만족감을 주지 못하고, 이런 잠재능력을 발휘하게도 못 한다. 개인이 자기의 열망을 강화해 주는 보상을 받을 수 있게 하는 것은 오로지 과업을 수행함으로써만 가능한 것이다. 직무수행 자체와 관련된 요인이나 직무환경을 설명해 주는 요인, 두 종류의 요인 모두 종업원의 목적 대상으로 작용은 하지만 두 종류의 요인이 동기부여하는 질의 특성은 본질적으로 다르다는 것이 확실하다. 직무환경의 요인은 좋지 못한 환경을 피하려는 개인의 욕구의 대상이 된다. 도피 욕구를 충족시키려는 동기와는 대조적으로 직무 동기는 자기의 열망을 채우려는 개인의 욕구를 채워준다. 개인에 대한 영향으로 나타난 행위로 봐서 도피행위라기보다는 오히려 적극적 접근이라 개념화할 수 있다. 동기란 말은 일반적으로 접근 의미를 가지기 때문에 위생 요인이라고 부른 다른 직무환경 요인과는 달리(구별하여) '동기 요인'이라 부르고자 한다. 두 종류의 요인이 다 종업원의 욕구를 채워준다는 것은 이해할 수 있다. 그러나 직무만족을 갖게 하고, 또 우리가 영향을 다룬 장에서 본 것처럼 산업사회에서 바라는 직무수행의 개선을 가져오게 하는 것은 근본적으로 '동기 요인'인 것이다.

　이제 우리는 인간이 자기 직무로부터 원하는 것이 무엇인가에 대하여 체계를 세워 말할 수 있게 되었을 것이다. 우리가 표집한 전집이나 아마도 다른 모든 전집도 마찬가지로 종업원이 자기 직무에서 원하는 것을 두 집단으로 나눌 수 있다. 이 한 집단은 개인의 성장 원천이 되는 직업에서 발전하려는 욕구의 둘레를 맴돈다. 둘째 집단은 첫째 집단의 근본적인 바탕이 되는 것으로, 보수·감독·근무환경·행정의 실제에 있어서의 공정 등과 관련된다. 둘째 집단의 욕구충족은 개인으로 하여금 보다 높은 수준의 직무 만족을 하도록 동기부여하지 못하고, 제9장에서 본 것처럼 더 이상의 직무수행을 할 수 있도록 동기를 주지도 못한다. 위생에 대한 욕구가 충족되었을 때 기대할 수 있는 모든 것은 기껏해야 불만족과 나쁜 직무수행을 예방하는 것이 고작이다.

이런 특성을 고려할 때 지금까지 산업계에서 종업원에게 동기부여하려고 했던 시도에서 실패를 많이 하였다고 말할 수 있다. 산업계에서 동기가 높은 종업원을 맞이하려고 노력하는 감독관에게 실시한 인간관계 훈련, 상여금-임금 체제 일변도의 두 정책에 대하여 살펴보기로 한다.

'인간관계' 영역의 일부로 상관과 부하 간의 상호관계 개선지향적 감독관 훈련은 산업관계 프로그램의 어디에나 대부분 들어 있다. 이 프로그램은 긍정적인 직무태도를 갖게 할 수 있으리라는 기대와 직무수행을 증진시킬 수 있다는 희망을 갖고 시작된 것이다. 이 연구의 결과를 살펴볼 때 고직무태도(High)에서 극히 적은 수로 인간 상호관계가 나타나는 것을 보고, 저직무태도(Low)에서는 단지 15%가 상관과의 나쁜 인간 상호관계로 보고되었다. 이 자료에서 무시할 정도가 된 인간 상호관계는 감독자와 종업원과의 사이가 좋은 것이 사기를 좌우하는 가장 중요한 것이라고 생각한 인간관계 훈련 프로그램과는 근본적인 가정에 있어서 잘 부합되지 않는다. 인간관계의 감독자 훈련은 아마도 일할 수 있도록 좋은 위생을 유지하는 데는 근본적으로 중요하다. 이 프로그램은 여러 직무, 즉 평사원과 관리수준들을 위해서 많이 있었는데 현대기업에서 동기 요인으로 작용할 기회도 별로 주지 못했다. 직무는 원자처럼 분화하고, 무미건조하고, 단조롭게 된다. 이런 데서는 책임과 성취의 기회가 별로 없고, 자아실현의 기회도 거의 없다. 위생이 극히 중요시되는 곳은 바로 이런 데다. '동기 요인'이 나타날 기회가 적으면 적을수록, 일을 참을 수 있게 하기 위해서는 위생이 더 많이 작용한다. 일에 대하여 도전하고, 열망하고, 만족감을 느끼는 사람은 아마도 어려운 감독자도 잘 감내할 수 있을 것이다. 그러나 위생을 좋게 해서 베풀어 주는 효과보다도 더 많은 대가를 지불해야 하는 이런 프로그램을 기대하는 것은 직무동기의 성격과 대조가 된다. 접근-도피 개념에서 인간관계를 주장하는 사람들은 개

인의 도피욕구를 보상해 주면 우리가 바라는 접근행위를 성취할 수 있다고
주장한다. 그러나 철저한 감독을 받는 기사에게서 보다 창의적인 설계가 나
오리라고 기대하기는 어렵다. 보다 나은 창의력 설계를 하기 위해서는 하나
또는 몇 개의 동기 요인이 작용해야 하고, 과업이 기사에게 흥미를 주는 것
이라야 하고, 책임성과 독립성을 가질 수 있는 일이라야 하고, 구체적인 성
취를 눈으로 볼 수 있는 과업이라야 한다. 동기요인은 창의성 욕구에 알맞고
위생요인은 공정한 대우를 바라는 욕구를 충족시켜 주고, 바라는 직무태도나
직무수행을 하기 위해서는 적절한 유인가가 제공되어야 한다는 것이다. 개인
의 도피욕구를 보상해 줘도 직무태도와 직무수행 양자에 긍정적인 반응을
얻지 못하면 '금전'적인 자극을 이용하는 것이 좋을 것같이 보인다. 위생요인
중에 보수가 포함되어 있는데, 이 보수는 종업원의 두 가지 도피욕구를 충족
시켜 준다. 첫째, 실제 수입이 충분치 못할 때 느끼는 경제적 타락을 도피하
게 해준다. 둘째, 우리가 연구 대상으로 한 기사와 회계사에게 불공평하게
대우받고 있다는 감정을 도피하려는 욕구를 충족시켜 준다. 보수와 임금은
사기조사 시에 "당신의 직업을 좋아하지 않습니까?"라는 질문에 대한 대답으
로는 최상위의 빈도를 차지했다. 그리고 "당신의 직무로부터 무엇을 원합니
까?"라는 질문에 대한 대답으로는 중간 정도이다. 직무 만족으로 이끄는 요
인과 직무 불만족으로 이끄는 요인의 특징을 강조하는 이런 차에 대하여 지
금까지 설명해 왔다. 자기 직업에서 가장 중요한 점은 무엇인가 하고 사람들
에게 질문하면 우리가 '동기 요인'으로 분류하는 반응을 보일 것이다. 일반적
으로 행하는 사기조사의 분위기는 대답하는 사람으로 하여금 불만족의 근원
을 강조하게 되어 있다.

　보수의 형평에 반대되는 보수의 양에 대한 불만족과 불만족의 더 중요한
근원이 되는 보수에는 사기조사에서 차이가 나타난다. 중요 사건 방법
(critical incidents)을 채택한 사기조사 질문지에서 여러 개의 문항에 만
족인가, 불만족인가를 표시하도록 되어 있는 이 연구의 책임연구원이 실시한
두 개의 계속적인 사기조사의 결과에 의하면 보수의 절대량에 대한 불평보

다 보수의 형평에 대한 논평이 압도적으로 많았다. 총 1천3백82명을 조사했 는데 모두 감독관 수준을 요구하고 있었다(문헌 21).

그렇다면 장려금제와 보너스 이용을 좋아하는 것 같은 많은 종업원을 동 기체계로 어떻게 설명할 수 있겠는가? 오하이오의 링컨(Lincoln) 전자회사 (문헌 37)와 미네소타주 오스틴(Austin)의 호멜(George A. Hormel) 정 육공장(문헌 7)의 보고는 생산성·직무 만족·회사에 대한 충실성 등을 증가 시키기 위하여 금전적 자극을 이용하여 성공한 좋은 보기가 되었다. 그러면 여기에 나타난 결과에 따라 이 프로그램의 성격과 성공의 성격에 대하여 검 토해 보기로 하자.

첫째, 거기서는 별로 주의를 기울이지 않았지만 이 계획에 있어서의 다른 많은 요소와 우리가 동기요인이 되는 것으로 발견한 요인이 많은 비율로 서 로 결합하여 작용한 것이 있었다. 링컨사 자문위원회와 호멜 생산증진위원회 의 두 단체의 이론구조는 작업·개선에 대한 지식, 책임성을 종업원에게 줌 으로써 직무내용과 직무책임성을 증가시키려고 한 시도에서 나온 것이다. 이 이론구조는 '보스'는 작업과정 전체에 대하여 모든 것을 자세히 잘 알지 못하 고, 오히려 종업원들이 자기 분야에서는 전문가이고 또 종업원 자신들의 가 치가 더 크다는 이론에서 나온 것이다. 링컨 전자는 노동조합을 구성하지는 않고, 고참 순서대로가 아닌 공로에 따라 종업원을 승진시키는 부가제를 쓰 고 있었다. 사장 링컨(James E. Lincoln)은 "돈 문제는 별로 중요치 않다. 우리의 실제 욕구 이상의 돈은 성공적인 기술에 대한 보상이란 의미 때문에 중요한 것이지 물건을 구입하는 의미로는 별로 가치가 없다."고 말한다(문헌 37). 개인의 두드러진 업무수행에 대하여 직접적으로 보상해 주는 돈은 '인 정'과 '성취'라는 동기 요인을 강화해 준다. 이때는 전면적인 임금인상으로 주어지는 돈 같은 위생적인 것이 아니다.

스캔런(Scanlon) 계획은 회사에 참여하는 전체 인력에서 노동비용을 절 약하려고 회사종업원을 생산증진에 참여시키는 체제이다. 참여와 책임의 확 대의 측면은 스캔런 계획과 그 추종자들이 아무리 성공했어도 비밀로 남아 있다. 링컨 전자는 인간의 자아실현에 대한 본성적 노력을 이용한 것이다. 인간은 그 누구도 고래와 같은 조상이 되길 원치 않는다. 링컨 사장은 다음과 같이 말하였다. "가장 강렬한 자극은 자기존중과 타인존중의 발전이다. 두드러진 직무수행, 진보, 책임에 대한 보상에서 얻는 소득이 있다면 그것은 인간 중의 인간이라는 표시이다. 종업원은 자기가 가치 있는 중요한 프로젝트의 한 부분을 책임지고 있고, 또 그 프로젝트는 자기 능력 때문에 성공했다고 느끼게 돼야 한다. 돈만이 직무를 수행하게 하는 것은 아니다."

보상체제가 동기요인 중의 어느 것이든 작용하게 하지 못할 때, 직무수행이나 직무만족이 증가하리라 기대하는 것은 잘못이다. 이런 경우에 직무 불만족을 제거함으로써 직무수행의 감소를 막아 직무수행에서 긍정적 이익을 가져오려고 하는 것은 잘못이다. 자진해서 생산을 억제하는 일이 대대적으로 실시되었다는 것은 산업계에 있어서 하나의 상식이다(문헌 26, 27, 58). '알맞은 노동'이란 기준이 있다는 것은 산업전문가·산업심리학자·사회학자의 체계적인 연구에서 자주 참고가 되었다. 나쁜 위생은 '알맞은 노동'의 수준 이하로 업적을 저하시키는 것 같다. 이 나쁜 위생을 고치든지, 아니면 동기요인과 관련되지 않는 금전적 상여금을 이용하면 업적은 다시 정상으로 돌아올지 모른다. 이렇게 환경하에서 나온 개선은 자기 스스로의 동기요인으로 불이 붙은 것보다는 훨씬 못하다.

이런 유인계획에 의하여 발동이 걸린 좋은 직무태도와 회사에 대한 충성심은 존재하는가? 피상적으로 생각하는 사람은 '있다'는 대답일 것이다. 이런 회사의 종업원은 자기 회사를 위해서 일하는 것을 좋아한다고 보고할 것이다. 그러나 '좋아한다'는 것은 '싫어한다'는 것이 없는 것보다 별로 나을 게 없고, 이 사람들의 만족이란 불만족이 없는 상태에 불과하다. 이와 관련하여 호멜 차고종업원에 관하여 블룸(Blum)은 다음과 같이 보고한다.

나보고 회사에 대한 종업원의 감정을 한마디로 요약해서 말하라고 하면 "만일 사람이 어떤 다른 사람을 위해서 일하려고 한다면, 호멜을

때리기는 어렵다."라고 한 종업원의 말을 나는 인용하고 싶다. 이것은
회사에 대한 이야기에서 가장 흔히 듣는 말이다. 나는 아직까지 열심
히 남을 위해 일할 상대로 무조건 회사를 꼽는 사람은 한 사람도 만나
보지 못했다.

진정한 마음에서 회사를 위해 일하기를 좋아한다고 말했을까? 아니면 견
디어낼 만한 일자리를 찾아낸 것이라고 간단히 말한 것뿐인가?

그 증거는 무엇인가? 블룸(Blum)의 보고에 의하면 일이 끝나고 그런 말조
차 없으면 직무에 대하여 할 얘기가 없다는 것이다. 종업원들은 자기 직업에
대한 이야기를 억제하려고 노력하는 것 같다. 끝없는 직업 이야기로 이것과
대조되는 것은 워커(Walker)의 보고가 있다. 그는 펜실베이니아주 엘우드
(Ellwood)시의 국제 튜브사의 종업원을 대상으로 연구하였다(문헌 56). 그
는 종업원의 직무를 설명하는 말 중에 아주 많은 수의 동기 요인이 나타났다
고 강조하였다. 종업원들이 끝나는 종이 울렸는데도 일손을 멈추고 뛰어나가
지 않는다. 집에서도 계속해서 자기 직무와 관계되는 일을 하고 있다. 그러나
호멜사의 종업원은 심리적으로 벌써 자기들 직무에서 뛰쳐나간 것 같았다. 회
사가 생산을 증가시키려고 시간 외 노동, 다시 말하면 자기들이 할 수 있는
수준이 아닌 아르바이트 성격의 일은 직무태도가 긍정적이라고 볼 수는 없다.
오히려 그들의 태도는 만족도 불만족도 아닌 중간 상태만도 못한 것으로 직무
로부터의 탈출을 의미하는 것이다. 일을 끝마치자마자 자기 직무로부터 탈출
할 수 있는 사람, 돈을 많이 받는 사람일수록 일을 버리고 자기 개인의 즐거
운 생활로 교묘하게 탈출하고 있었다. 이 종업원의 실제 생산 잠재능력을 모
두 끌어낼 수 있을는지 의심스럽다. 즉, 다른 위생요인에 따른 유인체제로 직
무의 어려움을 참게 할 수 있다는 것은 부정할 수 없다.

'위생'과 '동기'의 정의와 일하는 사람의 행위에 대한 이 두 종류의 복합적
관계성은 산업의 실제에 많이 적용할 수 있다. 다음 장에서 역사적 배경에
따라 우리의 연구결과를 어떻게 적용할 것인가 파헤치려고 한다.

13. 전 망

이 장은 이 연구 결과의 적용을 평가하려는 데 초점을 둔다. 두 개의 질문
이 해결되어야 한다. 첫째, 2백여 명의 중간 관리층을 대상으로 하여 얻은
결과를 이 표집의 한계를 넘어서 일반화할 수 있을 것인가? 둘째, 이 결과
를 특수 부문의 산업계와 대기업체에도 일반적으로 적용할 수 있을 것인가?
둘째 질문에 대한 해답의 중요성은 첫 번째 질문에 대한 해답에 달려 있다.
만일 이 연구의 결과가 일에 종사하는 사람들의 일반 지식과 일치한다면, 이
결과를 적용하는 일은 중요한 모멘트가 될지 모른다.8)*

이런 질문에 대한 해답을 여러 단계에 걸쳐 차례대로 상세히 설명하고자
한다. 이 연구의 결과에 대한 보편성 문제를 해결하기 위하여 원시인과 그들
의 일과의 관계 분석으로부터 시작하여 계속해서 인간과 일과의 관계를 역
사적으로 고찰해 보고자 한다. 이어서 이 연구의 결과를 해석할 수 있는 준
거의 틀을 만들기 위하여 현대생활의 연구로부터 광범한 자료를 모아 검토

---

* 이 책이 나온 후 아렌트(Hannah Arendt)(문헌 2)의 일의 본질에 대한 좋
은 논의가 나왔다. 여기서 아렌트 박사는 'Labor'와 'Work'를 언어학을 바탕
으로 하여 구별하였다. 인구어계의 거의 모든 언어에 생산적 인간활동에 두
개의 말이 있다. 'Oeuvre'와 'travail', 'Werk'와 'Arbeit'가 그 예이다.
Labor는 인간의 주기적·생물학적 성격과 관련되고 이것은 생활에 본질적
인 목적을 산출해 내지만 곧 소비된다. 그리고 재생산(같은 말이다)과 관련
되어 자연히 고통과 관련된다. Work는 제작자로서의 인간의 기능이다.
Work의 산물은 영원히 계속되고, 사람들 자신 속에서는 만족의 근원이 된
다. 생물적인 욕구성취 때문만은 아니다. Labor는 사적 활동이다. Labor는
개인의 명성을 증가시키지는 못한다. Work는 공적이고, 그 열매는 역사적
산물이고 개인의 평판의 산물이다. 이 책에서는 아렌트가 정의한 것처럼
Labor라기보다는 책머리에서부터 Work라고 쓴 것을 분명히 해 두고자 한
다. (역주 : 원서의 이름은 The Motivation to Work) 마지막 장까지 논의
된 Work란 의미가 포함될 때만 의미가 있고, Work에 대하여 언급한 동기
는 일의 성질상 Labor에는 이용할 수가 없을 것 같다.

해 보고자 한다. 마지막으로 사고의 절차를 더듬어 보고 특수산업계와 일반
사회에 이 이론의 적용을 추천하기에까지 발전한다.

(1) 원시사회에 있어서의 일의 의미

원시인에 대하여는 많은 낭만적인 난센스가 있다. 수많은 사회비평가들은
자연과 밀착되고, 고도의 공예적 재주, 일을 심미적・종교적, 자기가 속한
집단의 사회활동과 통합시키던 원시사회와 무의미한 활동으로 끝없이 맴도
는 잘못 정해진 목표를 추구하는 문명인의 미친 듯 목적 없이 광란하는 현
대사회를 대조시켜 비교해 왔다. 문화인류학자의 보고를 언뜻 보기만 한 사
람이라면 이런 이야기는 잘못 강조한 것이라는 것을 금세 알게 된다. 원시사
회의 생활은 고되고 힘드는 땀방울로 꽉 차 있다. 험난한 삶을 영위해야 하
기 때문에 개인적으로 성공하고 발전할 기회란 거의 없는 것이다. 단지 먹을
것을 얻기 위해 노동의 70~80%를 쏟아야 하는 사회에서는 자신의 최대 발
전을 위해서는 거의 신경을 쓰지 못하는 것이다.

원시인이 일에 대하여 어떠한 태도를 가졌는지에 관한 실제자료는 거의 얻
을 수가 없다. 민속학자도 적당한 질문을 하지 못했다. 그러나 이 연구의 결
과는 원시인을 이해하는 데 다소 시사점을 줄 수도 있고 원시사회 연구에 의
하여 우리 연구결과의 보편성이 입증될 수도 있다. 원시인의 노동은 우리 연
구에 있어서 사건의 '단기간 고직무태도' 시퀀스에서 발견되는 요인으로 잘 설
명된다. 즉, 원시인은 자기 목적이 당장의 욕구와 곧장 관련되는 활동에 대부
분의 에너지를 소비해야 한다. 이런 활동을 통해서 이들 목적은 달성된다. 원
시인은 자기가 소비할 양식, 자기가 입을 옷, 자기가 살 집을 만들어 내기 위
해 일한다. 원시인의 일은, 적어도 어느 범위까지는, 본 표집에서 나온 '동기'
를 위한 욕구를 충족시킨다고 가정할 수 있다. 문화인류학자들이 수없이 설명
해 온 것처럼, 일과 심미・종교・사회관계 사이에 밀착된 관계성을 가지면 일
에 대한 동기를 증가시킬 수 있다는 것은 아마도 사실인 것 같다. 예를 들면

원시인의 카누(Canoe) 배의 제조자는 경제적 욕구뿐만 아니라 심미적 욕구까지를 성취하는데, 이들은 우리의 연구 의미에서 고도의 동기를 보여줄 것은 의심할 여지가 없다. 마찬가지로 토템 폴(Totem Pole)을 조각하는 원시인도 종교적·사회적 욕구를 모두 채우는데, 아마도 똑같이 고도의 동기를 가질 것이다. 원시인은 기본적·경제적 욕구를 심미적·종교적 욕구와 분리시키지 않았다. 연어가 모여들기를 바라는 원시인의 토템 폴은 현대과학을 이용하는 농부에게 있어서의 토양실험처럼 사활과 직결되는 문제이다.

최선을 다하는 원시인과 현대인의 중요한 차이는 개인성장을 위해서 활동하는 시간 양과 개인의 성장 가능성에 있다. 원시사회에서는 개인이 전통을 깨뜨리고 자기만의 특유한 행동형을 발전시킬 기회가 비교적 거의 없었다. 말할 것도 없이 어떤 원시인은 개인의 책임성과 공예적 기술에서 성장한다. 그러나 우리 사회에서는 어떤 계층에 이용될 기회를 갖는 것에 비교하여 이것은 훨씬 드문 일이다.

이리하여 원시인의 일은 당장의 욕구를 충족시키려는 데 직접 관련되기 때문에 이들은 일에 대한 긍정적인 태도로 고수준을 나타내는 것 같다고 가정할 수 있다. 문명이 발전함에 따라 인간은 일과 생물적 욕구를 연결시키던 직접적 관계성은 포기하고, 노동 분화와 금전적 경제로 얻을 수 있는 사회에서 발전한 간접적 관계성이 대신 들어서게 되었다. 선진사회에서 많은 사람들에게 이런 변화가 있었던 것은 심각한 손실이라고 사회비평가들이 지적해 왔다.

(2) 기계시대로의 변천

원시사회에서 에너지가 나오는 주요 근원은 인간 또는 동물의 근육운동을 통해서이다. 이 사회가 고대문명 시대로 들어가도 에너지의 근원은 여전히 그대로이나 개인의 역할은 크게 바뀌었다. 노동이 분화하고, 과업이 다양해짐에 따라 인간의 대부분은 자기의 일을 해서 자기의 개인적 욕구를 직접

충족시키지 못하는 그런 체제 속에 빠져 들어가고 말았다. 다시 확실한 증거는 지금 가지고 있지는 못하지만, 이집트·그리스·중국·로마의 고대인의 대부분은 자기들의 의무가 물리적일 뿐만 아니라 기술이나 다양성에 있어서 거의 아무것도 필요 없었기 때문에, 자기들 활동에 있어서 거의 만족할 수 없었다는 것은 있을 수 있는 일이다. 이보다 우리의 연구결과처럼 그들의 일은 동기의 특징이 거의 없었다. 생존문제가 주인에게 달려 있는 노예는 그들의 의미 없는 활동에서는 어떤 성취감이나 성장감을 얻을 수 없다.

극소수 사람만이 원시적 기술을 가지고 새로운 공인(공인)집단으로 발전하게 되었다. 이들에게 있어서는 일이 생물적 욕구충족과 관련되지 않고, 일 자체의 활동에서 직접 나오는 새로운 욕구충족에 이르게 되었다. 공인생활에 대한 기록이나 관찰로 미루어볼 때 공인의 최종 산물 그 자체에 가치가 있다고 가정할 수 있다. 이에 대한 직접적인 증거는 없지만 옷감을 짜고, 돌에 조각하고, 중세의 갑옷에 무늬를 새기는 데서 얻는 심리적 만족이 컸을 것이라고 추측하는 것이 잘못되지는 않을 것이다.

힘이 나오는 주요 근원으로 인간과 동물의 근육운동을 이용하다가 이제 기계의 힘에 의지하게 되자 일개 평범한 노동자나 공인이었던 사람은 이제 기계감독자가 되었다. 기계가 직접적인 물리적 수고로부터 인간을 해방시켰다 하더라도 또 다른 종류의 속박으로 새로운 노예가 되었다는 비난이 있다. 기계작업의 특성은 반복성과 등질성이다. 기계감독자는 매우 열심히 일할지 모른다. 그러나 자기 일의 산물은 거의 통제하지 않았다. 기계시대인의 고대와 봉건시대의 고달픈 노동자보다도 통제하지 못한다. 그래서 장인(장인)의 만족이 전(전) 기계시대의 노동자에게 있을 수 있었다면, 기계시대로 발전됨에 따라 그 만족을 잃어버린 것이다. 기계시대가 대두됨에 따라 완전히 동기가 사라졌다고 할 수는 없다. 이 시대에도 아직 장인은 남아 있다. 더구나 기계와 기계감독의 일을 계획·감독·개발하는 일을 맡는 새로운 계급이 생겼다. 전 산업시대에서 산업시대로 전환됨에 따라 적어도 인간의 극소수에게 만이라도 동기의 기회가 많이 주어졌다. 나머지 인간에게는 일의 동기가 우리가 '위생'이라 이름 붙인 그런 종류에 있었다. 활동 자체와 관련되지 않은 일의 결과는 기껏해야 최하의 생계유지이고, 안 되면 수준 이하의 삶이었다.

(3) 현대세계에 있어서의 일

금세기는 앞의 두 세기 동안 설명한 생활양식과는 다른 중요한 변화가 있었다. 과거에 많은 일하는 사람을 압박하던 절박감은 차차 힘을 잃어갔다. 서방세계에서 생존욕구 충족은 인간이 지금까지 도달했던 것보다 더 높은 수준에서 이루어질 수 있게 되었다. 여기서는 생산성은 높아지고, 빈곤은 비교적 줄어들었다. 가난한 리처드(Richard)란 이름은 점점 사라져갔다. 반면 사회조직은 복잡해지고, 개척정신을 강조하던 이념과 문명생활의 현실 사이의 불균형은 수많은 사회적 병으로 나타나게 되었다.

현대 사회비평가가 말하는 사회의 병폐는 무엇인가? 첫째, 사회비평가들이 지적한 것처럼 개인과 개인이 소속되어 있는 집단과의 소외현상이다. 이 소외현상은 많은 원인이 있는 것으로 생각된다. 이들 원인의 하나는 바로 조금 전에 말한 공식적 이념과 현실과의 모순이다. 이런 갈등에 대한 체계적 설명은 뒤르켐(Emile Durkheim, 문헌 15)에게 돌리지 않을 수 없다. 뒤르켐은 높은 이상과 윤리의식은 가졌으나 일상생활에서 윤리와 이상 간에 타협하지 않으면 안 되는 사람의 상태를 아노미(Anomie, 규범과 도덕률이 없는)란 말을 썼다. 가치와 현실세계에서 소외현상이 일어날 때 결과는 불안정감과 사람들과의 거리감뿐이다.

개인을 한데 묶는 강한 힘이 없을 때 뒤르켐이 말한 아노미 현상 이외에 다른 현상의 근원을 가지게 될지 모른다. 이런 다른 근원의 분석은 프롬(Erich Fromm, 문헌 17) 같은 심리학자 또는 디그라지아(Sebastian DeGrazia, 문헌 13) 같은 정치학자에게서 나온다. 이들이 현대사회를 묘사한 것처럼 도시문명의 대형화와 복잡성으로 인하여 사람들 간의 거리감을 갖게 된다. 그러나 이와는 달리 사람들 사이의 뜻 깊은 관계를 저해시키는 최악의 적은 사회활동을 조정하고 지시하는 방법의 변화이다. 별로 복잡하지 않던 사회에서는 사회활동의 조정과 지시는 인간 대 인간으로 맞부딪치는 관계에 있었다. 중세 길드(guild)의 공장과 봉건영토는 주인과 영주의 권위에 의해서 운영되었다. 공장주인의 권위는 그의 재주에 기인된 것이고, 영주의 권위는 혈통에서 온 것이다. 이제 복잡해진 우리 세계에서는 상관의 개인적 규제 대신 관료적 법의 규제가 조정하고 지시하게 되었다. 이런 지도하에서는 개인의 기술이나 판단에 의해서 권위를 갖는 것이 아니고, 자기가 차지한 직책에 의해서 권위를 지니는 것이다. 그 결과 권위의 행사는 개인의 판단에 바탕을 두지 못한다. 어떤 사람의 권위가 법에서 나왔다면 이미 정해진 관료제의 규정군(규율군)에 의해서 엄격히 통제된 권위인 것이다. 주인과 따르는 사람과의 관계는 밀착될 수 없고, 최선의 경우라 하더라도 일의 본래 방향에서 빗나가게 된다.

(4) 관료제의 결과

이 변화는 인간적 접촉의 약화 이상의 결과를 가져오는가? 아마 그럴지도 모른다. 일에 대한 가장 깊은 동기는 개인의 성취에 대한 인정과 책임이 확대되는 개인적 성장이라는 데 우리는 이미 주목하였다. 이 둘 중에 어느 것도 관료적 상황하에서는 충분히 그 기능을 발휘할 수 없다. 감독자도 개인적 판단을 할 기회가 무시된다. 이 감독자는 체제의 일정한 틀 내에서 일해야 하고, 권위가 개인의 특성에서 온 것이 아니고, 자기의 지위에서 온 것이기 때문에 이런 규정에 의해서 꽉 짜여진 좁은 길에서 도저히 벗어날 수 없는 것이다. '장부'에 의해서 꼭 매인 권위의 행사에서는 성취감이나 성장감은 거의 맛볼 수 없는 것이다.

하급자(관료제에서는 거의 모든 사람이 하급자인데)의 상황 또한 나쁘다. 규칙은 법과 마찬가지로 감독에 의해서 무엇이, 어떻게 돼야 한다고 다시 세밀히 결정된다. 천품이나 독창력은 위축된다.

개인이 일상 절차에서 이탈하면 모든 사람을 너무나 당황하게 하고, 이런 이탈에 대한 보상은 거의 없다.

감독자나 종업원 둘 다 이미 정해진 규칙에 의하여 엄격히 통제되기 때문에 일상과업 수행이 아닌 동떨어진 이질적인 일을 하려고 하면 감독자가 종업원에게 동기부여하는 데 무거운 역할을 감당해야 할 것 같다. 만일 종업원에게 일하는 데 융통성을 줄 수 없다면, 또 모든 사람이 조직의 요구에 일률적으로 들어맞는다면 그 결과는 직무처리에서 실패도 성공도 할 수 없는 것이다. 각급 모든 조직에서 이런 현상은 확실하기 때문에 관료제의 경직성과 복잡성이 증대함에 따라 동기를 이용할 가능성은 점차 줄어들 것이라 예상된다. 잠깐 더 시대 발전에 따른 의미를 논의하고자 한다.

(5) 동기의 탐색

19세기의 경제인간 이론은 일에 대한 모든 동기이론의 기본이었다. 경제인간의 주인은 싸구려 시장에서 팔고 또 산다. 경제인간 종업원은 될 수 있는 한 비싼 값으로 노동력을 판다. 사회구조의 변천으로 새로운 과학인이 나타나 정밀성이 증대됨에 따라 이런 19세기적 견해는 지속될 수 없었다. 물론 아직 경제적 유인제가 완전히 폐물화된 것은 아니다. 경제적 유인제는 아직도 시간제 고용인에게 보너스를 줌으로써, 부사장에게 회사 선택권을 줌으로써 적용되었다.

그러나 금세기로 들어서자 경제적 힘을 행사하는 것보다 나은 방법으로 종업원에게 동기부여를 할 수 없을까 하고 부단히 추구하고 있었다. 이것이 수많은 인간관계 코스의 목표가 되었는데, 이 인간관계에서 감독은 부하직원의 퍼스트·네임(first name)을 외우려고 애쓰고 미소를 짓고, '인간대접'을 해주려고 했다.9)* 인간관계주의에는 '특별급여'의 증가가 반드시 따랐다. 이 특

---

* 여기서 우수한 전문가들이 내놓은 많은 인간관계 훈련 프로그램을 비난하려는 의도는 아니다. 인간관계 훈련 코스는 좋지 못한 위생을 제거하려고 많이

별급여란 말은 일에 대한 보상의 일부인데 그것이 하나의 특징이다. 물론 이 은전제(은전제)는 인간관계를 좋게 하려는 목적뿐만 아니라 밑으로는 종업원들의 노동조합과 위로는 관리책임자들의 요구에 따라 채택된 것이다. 이리하여 대기업들은 사내 신문·운동선수 팀·식당시설·좋은 근무환경을 만들어 놓고 "우리는 여러분들을 최대한 잘 대우해 줄 테니 회사를 위해 성실히 일해 주십시오." 하고 말하고 있다.

인사 관계의 '전통적 명언'은 직무와 동료 종업원으로부터 유리된 종업원이나 고용인은 일을 잘 못한다는 주장으로 되어 있다. 이렇게 유리된 종업원은 쉽게 사표를 내게 되고, 자주 결근하게 되고, 정신병에 걸리게 되고, 부적응하기 쉽다. 객관적인 증거는 별로 없지만 이은 전제의 조건이 좋아지면 저사기의 악영향을 줄일 수 있고, 일을 잘하도록 작업원을 긍정적인 방향으로 자극할 수 있다는 희망적인 이야기가 자주 나온다.

이 가정에 대한 가장 중요한 자료의 하나는 하버드 대학교(Harvard Business School)의 메이오(Elton Mayo)와 그의 동료가 서부 전기회사(Western Electric Company)의 호손(Hawthorne) 공장에서 실시한 역속적인 연구이다(문헌 42, 51). 제1장에서 본 것처럼 이 연구는 감독이 개인적 관심을 보여주면 종업원의 생산에 긍정적 영향이 나타난다고 강조하였다. 이들 연구의 최종 결과는 종업원이 스스로 찾아와서 자기들 개인문제를 해결하도록 하는 카운슬링 프로그램을 만드는 것이었다(문헌 14). 호손 연구의 다른 측면은 종업원들 사이에 어떤 사회적 집단이 존재한다는 사실이 확인되었는데, 이 작업집단의 사회적 성격에 공장 측의 관심을 집중시키게 되었다는 점이다.

제1장에서 레윈(Lewin)과 그의 후계자들의 연구에 대하여 언급한 바 있는데 '종업원 중심 감독(employee-centered supervision)'과 함께 참여의 의미로 발전되었다. 이 연구의 결과로 전 시대 사고체계의 유일한 무기로 생각했던 경제적 충동보다도 더 복합적이고, 끝없는 욕망과 동기를 가진 인간

노력하였다.

인 종업원에게 초점을 맞추게 되었다. 본서에서 너무도 많이 인용한 많은 연구에서 종업원들에게 영향이 미치는 일을 결정할 때 그들도 한 마디 '하고 싶어' 하며, 도매금으로 넘어가는 것보다 개개 인간으로 대접해 주면 긍정적인 감정으로 반응하더라는 것이 증명되었다.

첫째 의사결정시에 하급자들을 참여시킬 수 있고, 둘째 또 그게 바람직하다는 아이디어는 많은 논란의 대상이 되어왔다. 어떤 이에게는 이것이 새로운 종교적 힘을 거의 갖는 산업민주주의 운동의 핵심이 되어왔다. 또 다른 어떤 이에게는 엉터리 처방같이 보였다(문헌 59). 참여의 범위를 확대시키려는 노력이 있었다는 데는 의심의 여지가 없다. 이런 노력과 성공의 의미를 어떻게 해석할 것인가 분명치 않다. 금전적 유인제의 효능에 대한 우리의 논의는 스칼런 계획(Scanlon Plan, 제12장 참조) 같은 예처럼 참여의 의미로 돌렸다.

사실상 참여가 병을 치료하고, 일에 대한 본래의 열정을 불러일으키게 하는 만병통치약이라 할 수는 없다. 본 장의 마지막에 가서 현대 산업계에서 가장 유용하고 실용적이라고 보는 참여에 대한 우리의 견해를 밝히고자 한다.

지난 수백 년 동안 우리 회사에 하나의 병폐가 있었는데 이 병원(병원)의 하나는 사람과 일과의 관계이다. 종업원들의 에너지를 발산시키는 방법으로 많은 회사들이 여가활동에 유의해 왔다는 사실 하나만 봐도 알 수 있다. 또 이 병을 치료하려고 많은 회사들이 인간관계 교육을 실시하여 따뜻한 인간 상호작용 증진에 힘썼고, 특별급여를 증감시키고, 즐거운 근로환경을 만들고, 또 집단과정과 집단토의를 중시하여 산업계의 모든 사람들이 일상생활 속에서 참여의 기회를 많이 갖게 하려고 인위적으로 일하는 환경을 개선하려는 시도를 해 왔다.

(6) 관리자와 전문가 세계

이제 좀더 자세히 관리자와 전문가의 세계에 대하여 살펴보고자 한다. 결국 이 연구의 표집집단이 이 둘로 되어 있기 때문이다. 일반적으로 부르는 관리직업과 전문직업은 최근 아주 줄어들었다. 부품 조립공장을 모방하여 관리직과 전문직도 일의 작은 한 부분을 할당받아 하게 되었다. 이런 공정의 합리화로 말미암아 개인은 과업 완성에 대한 책임을 지지 않게 되었다.

집단 활동의 강조에 따라 숙련공과 미숙련공이 같이 일하게 하는 노동희석(노동희석)이 불가피하게 되었다. 하위수준의 종업원에게 사회집단이 존재한다는 연구와 그렇게 집단으로 묶는 것이 그 수준의 종업원에게 더 효과적이라는 것을 발견하여 집단 활동이 적당치도 않은 영역에서까지도 집단 활동을 고집하는 경향을 갖게 되었다.

일의 합리화와 집단작업의 강조현상으로 말미암아 개인과 일의 완성과의 관계성을 알아내기 힘들게 되자 어쩔 수 없이 인간 상호관계의 질보다 개인을 평가하게 되었다. 화이트(William H. Whyte)의 조직인간(The Organization Man)(문헌 59)과, 패카드(Vance Packard)의 숨은 설득자(Hidden Persuaders)(문헌 47) 등에서 지적된 것처럼 미국 산업계는 관리급이 될 수 있는 사람인가 평가하는 기본 자료로 인성과 기질측정을 지나치게 믿고 있다. 최근 몇 편의 연구는 간부직원들이 실제 직무수행과 관계가 멀고, 또 일의 질에 있어서 실패해도 별로 비난의 화살을 받지 않는다고 보고하고 있다. 한 논문은 간부직원의 실패가 '지식의 빈곤' 때문인가, '인간성의 부족' 때문인가 그 영향을 비교하는 데 고려할 가치가 있는 자료를 제시하였다(문헌 43). 인간성의 부족은 지식의 빈곤보다 더 고용이 취소되는 이유가 된다. 위의 저자 맥파랜드(McFarland)는 이들(관리직과 전문가)의 9/10 이상이 하는 일에 지식이 있느냐 없느냐와는 거리가 먼 다른 이유 때문에 실직된다고 주장한다. 이들은 흔히 건강이 나쁘고 인간성이 좋지 못하고, 나쁜 성벽이 있고, 너무 말이 많고, 부주의하고, 단정치 못하고, 만성적이고, 신용할 수 없다고 하여 비난을 받고 실직된다.

이런 입장에 있는 사람은 자기에게 돌아오는 보상과 벌의 체제하에서 알맞게 처신해야 한다는 것은 어쩔 수 없는 일이다. 여러 회사에서 관리직원을 대상으로 이 연구의 책임연구원이 심리검사와 면접방법으로 실시한 연구에 의하면 지능과 적성은 계급이나 보수 같은 성공과는 관계가 없다.

이 이야기의 일반논리에 의하면 기업에서는 끊임없이 능력 있는 관리자와 전문가에게서 고유한 인간성의 속성을 찾아야겠다는 것이다. 기술보다는 인간성에 의하여 채용하고 승진시키는 상황하에서는 종업원들은 어느새 공학적 기술이 있는 체하는 것을 삼갈 줄 알게 된다. 만일 일에 대한 보상을 직무상의 실제 과업과 관련하여 주지 않고 행위를 보고 준다면 직공장이든, 부소장이든, 모든 사내(사내) 사람들은 이런 외적 보상의 가치들이 무엇인지 곧 알게 된다는 사실은 별로 놀라운 일이 아니다. 이 연구에서 위생이라 부른 것들이 하나의 목표로 존재하게 된다.

<표 17> 능력과 보수의 상관관계

	논리적 이유	언어적 이유	비판적 사고
강철회사 N=58	.10	.10	.18
전자회사 N=61	.23	.10	.18

　1. 상관관계는 연령에 따라 다르다.
　2. 보수는 위계적 지위와 관련이 높다.

이런 상황 속에서 기적 같은 사실은 표집의 2백여 명이 실제 직무수행을 통해서 무엇인가 성취할 수 있는 기회를 가졌던 감동적이고 흥분하였던 순간에 대해서 말해 줄 수 있었다는 것이다. 분명 성장감과 책임감은 아직도 우리 사회에서 일어나는 가장 감격적인 일이다.

(7) 개인과 사회에 대한 의미

이런 세계에서 생활하는 사람은 자기 일에서 진정한 의미의 만족을 얻을 수 없다. 인간 상호관계란 일의 본질에서 벗어난 외부 일에 지나치게 노력을 기울이고, 때로는 취미가 직무보다 중시되기도 한다. 그러나 취미는 완전한 의미의 성장감을 줄 수 없고, 생업에서만 맛볼 수 있는 뜻있는 목적을 향한 노력의 의미를 줄 수 없다. 지하실이나 말끔히 단장된 목공소라도 원시인에게서 볼 수 있었던 그런 개인의 욕구충족이 되어 일과 직접 관련된다고 볼 수 없다.

문화인류학자·정치학자·정신병학자들이 우리의 세계에서 심각하게 일어나고 있다고 지적한 아노미 현상·불안정·소외감 등은 일과 직접적인 의미가 없는 인간 상호관계에 지나친 노력을 쏟아넣는 결과가 되지 않았나 생각하는 사람도 있다.

이것은 사회적으로 어떤 의미를 주는가? 그것은 무엇인가 항상 요구하는 이런 세계에 의해서 생긴 긴장상태에 알맞게 적응할 수 없는 경직되고 비창조적인 사회의 실제 위험에 직면하게 되었다. 만일 우리 사회가 주로 보상해 주는 것이 모두 위생적인 것이고, 또 환경이 만족의 주요 원천이 되는 일의 실제 수행과 관련되지 않았다면, 각 개인의 일 속에서 고도의 잠재력을 발휘할 수 있도록 해주는 동기는 찾기 힘들다. 이런 사회가 비창의적인 생활을 그만두게 될 때 이제는 없어진 초기 사회에서 맛보았던 그런 생활을 하게 된다. 세계는 야만적 침략자를 물리칠 만큼 충분하지 못한 제국의 잔재로 가득 차 있다.

(8) 제 안

이 연구를 근거로 해서 온 세계의 모든 병을 치료할 수 있는 하나하나의 처방을 내린다는 것은 너무나 무모한 짓이다. 그러나 이 연구의 결과와 관련지어 그려낸 그림으로 무언가 결론을 제시해야 한다는 것은 연구자로서는 피할 수 없는 입장이다.

일과 관련된 개인이나 회사에 구체적으로 무엇을 말해 줄 수 있을까? 일반적으로 말하면 이 연구를 적용함에 있어서 개인의 사기에 대하여 부정적인 접근보다는 긍정적인 접근을 강조했다고 요약될 수 있다. 우리 사회에서는 주로 사기에 대하여 부정적인 측면으로 접근해 왔다. 다만 아주 구식의 경영자는 전직·태업·개인의 해로운 방향으로의 기능을 피하기 위하여 나쁜 위생환경을 완화시킬 필요성에 대하여 주저하였다. 여기서는 나쁜 위생환경을 고치려고 적극 노력하지 않았다. 우리의 연구결과에 의하면 좋은 위생은 낮은 사기를 갖게 하는 부정적 결과를 방지할 것이라는 의미로 제한되었다.

그러나 좋은 위생 그 자체가 목표가 될 수 없고 좋은 위생은 하나의 출발이다. 이미 지적한 것처럼 위생에 지나친 강조를 하는 것이 논란의 씨가 되는 것이다. 그것은 직무환경에 속하는 외적 보상에 점점 더 초점을 두게 한다. 우리의 강조점은 동기 요인을 강화해야 한다는 데 있다. '위생만으론 충분치 못하다.'는 슬로건이 나올 수 있다.

더 큰 목적달성을 강조하여 일에 대한 동기가 강화될 수 있는 여러 분야가 일을 하는 것과 직접적으로 관련되는 것이다. 이 분야를 자세히 논할 때 동기가 어떻게 작용하는지 정확하고 세밀한 설명을 하기 어렵다는 것이 명백해질 것이다. 다만 연구결과를 구체적으로 제시하려는 것이 목적일 뿐이다. 동기를 증가시키고, 발전시키는 정확한 방법에 대하여는 보다 더 연구될 때까지 기다리는 수밖에 없다.

(9) 직무의 구조

첫째 직무는 그 수행에 의미 있게 관련된 목적달성을 위하여 종업원의 능력을 최대한 증가시킬 수 있도록 재구성되어야 한다. 이 간단한 한마디에서 많은 문제가 나올 수 있다. 장인(장인)을 제외하고 많은 생산종업원들은 자기가 하는 바로 그 일로부터 보상을 받지 못하고 있다는 것이 분명하다. 왜 그럴까? 일을 하는 것과 직접 관련된 보상을 받을 수 있는 직무의 심리적 특성에 대하여 생각해 볼 필요가 있다. 이 연구의 응답자들이 보고해 준 반응을 보고 하나의 잠정적인 결론을 내릴 수 있다. 그것은 성취감과 자신의 성장을 실현할 수 있도록 직무수행되는 방법을 조절하고 측정할 수 있어야 한다는 것이다. 대개의 부품 조립공장의 종업원들은 그렇게 조절할 수 없다.

그러나 산업에서 새로운 발전을 하려면 큰 비중을 차지하는 종업원을 위해서 이런 상황이 바뀌어져야 할 것이다. 우리 경제의 대부분이 자동화되고 있다. 이런 관점에서 자동화는 어떤 영향이 있나? 워커(Walker)는 최근 연구에서 직무태도에 대한 자동화의 영향에 관하여 집중적으로 조사하였다(문헌 57). 부분 자동화로 경직화되고, 일상화된 일에 대한 욕구가 증가될 때 사기는 떨어진다는 사실을 그는 알아냈다. 그러나 완전 자동화된 공장에서는 재미있는 현상이 일어났다. 첫째로 종업원들은 더 이상 육체적 활동은 필요 없게 되었지만 항상 긴장상태에 있어야 하고, 지켜봐야 하고, 생각하고, 식별해야 하는 직업으로 변한 데 대하여 당황하고, 불행에 젖어 있었다. 그러나 얼마 안 가서 적응하게 되고, 다음에는 공장의 전 과정을 컨트롤해야 하는 자기들의 능력을 생각하고 전보다 높은 사기에 이를 수가 있었다. 완전 자동화에서는 생산에 임하는 종업원들에게 소위 우리가 말하는 동기요인을 충족시킬 수 있는 환경을 더 잘 마련해 줄 수 있는 것이다.

그러나 자동화에 의한 동기사용을 해도 관리직이나 전문가들은 별로 영향을 받지 않는다. 사실상 자동화의 결과로 관리직과 전문가는 수적으로 증가하여 이들 집단에 대한 문제가 생긴다. 공장을 자동화하는 준거의 틀은 관리직과 전문가 수준으로 조직하고 편성해야 하는 방향으로 나아간다. 그래서 관리자 수준에서의 자동화는 어떤 위험에 직면하게 된다. 자동화되는 곳에서는 어디서나 직무구조상 창의력과 기술을 발휘할 기회가 관리직에 주어지게 되어 많은 사람들에게 가장 높은 수준의 동기를 부여하게 된다.

(10) 직무를 보다 흥미 있게 하는 방안

이 질문에 대한 대답은 그렇게 간단하지 않다. 직무의 범위를 확대하여 직무에 대한 흥미를 높여주자는 운동이 얼마 동안 있었다. 여기서 논의할 것이 이 문제인가? 직무확대를 일반적으로 보자는 의미는 아니다. 만일 직무확대가 의미 있는 활동과 전혀 상관없는 다른 여러 활동을 하게 하는 것을 의미한다면, 이 새로운 활동의 단순한 추가는 이 책에서 말한 그런 동기는 불러 일으킬 수 없다는 것이다. 한 활동에서 다른 활동으로의 회전은 여러 활동을 심리적 의미를 가지는 성취감과 통합될 때만 성공적일 수 있다.

더구나 과업 자체 내에서의 성취는 단지 하나의 부분적인 보상이라고 본 자료는 가르쳐 주었다. 성취감이 증가하면 개인적 성장감을 갖게 되고, 책임 이 확대되게 된다. 중요한 요인은 일을 하는 데 홍미를 가지게 하는가 하는 것이다. 우리의 연구결과에서 보는 것처럼 홍미 있는 일은 보다 높은 수준의 동기를 불러일으키는 계기가 된다. 그러나 어떤 한 사람이 일에 홍미를 가질 것인가, 안 가질 것인가 미리 예고하기는 힘들다. 그래서 직무를 재설계하여 직무에 홍미를 갖게 할 수는 없다. 그래서 흔히 인사 담당자들은 개인이 본 능적으로 홍미를 가지는 일에 그 사람을 맞추려고 계속 노력해 왔다. 그러나 이것이 우리가 여기서 하고자 하는 말은 아니다. 홍미가 문제가 아니라 일하 는 사람이 점점 더 동기가 증가된다는 것을 알아낼 수 있는 데서부터 일이 시작되어야 한다는 것이 우리가 하고자 하는 말이다.

(11) 선발문제

직무를 알맞게 구성하려면 또한 알맞은 선발과정을 구성해야 한다. 선발에 있어서 인성검사를 개발하는 데 반대하는 입장도 많았다. 그러나 인성검사의 분명한 '불공정성'과 감추어진 특성을 찾으려는 분석상의 허점에 대하여 화이 트(William H. Whyte)가 반대했던 것보다 우리는 더 적극적으로 반대한 다. 우리는 인성 강조에서 일을 하는 데 필요한 능력의 강조로 바뀌기를 바 란다. 그러기 위해서는 각 직무를 담당하는 데 필요한 실제 능력을 계속적으 로 정밀 분석해야 하고, 또 일을 담당하고자 하는 지원자의 잠재능력을 또한 세밀히 분석해야 한다. 물론 고수준의 여러 직무에는 성공에 필요한 여러 능 력과 기질이 얽히고설켜 있는 것은 인정해야 될 것이다.

(12) 감 독

본 표집 내에 있는 사람들의 생활에서 감독은 무슨 역할을 하나? 사기가 낮을 때는 언제나 감독자는 연극에서 악한 역을 맡는 격이 되었다. 고직무태도(사기)에서는 감독자는 연극의 '주인공'으로는 나타나지 않는다. 그러나 고직무태도 이야기에서의 감독자는 단순하고 제한된 역할을 맡고 나타났다는 것은 기억해야 할 것이다. 감독자는 성공적인 일을 인정해 주는 사람으로 자주 나타났었다.

인정을 받아야만 한다는 감독의 다른 측면이 있다. 이것은 이 연구의 응답자들이 보고해 준 것은 아니지만, 성공적인 감독자는 자기 부하직원이 창의적 성취능력을 실현 '할 수 있도록' 일을 조직하는 역할을 해야 할 것 같다. 상호의존적인 산업세계에서는 자기 노력으로 자기의 잠재능력을 완전히 발휘할 수 있는 사람은 별로 없다. 우리가 강조하여 권하고 싶은 것은 감독자 과업의 후자이다.

인정을 분배해 주는 사람으로서의 감독자의 역할을 먼저 다루고자 한다. 인정의 공식적 방법은 근무평정이다. 이에 대하여 개인은 봉급증액·승진·과제의 질을 보고 인정받았는지 못 받았는지 평가한다. 근무평정은 가능한 한 실제 직무수행을 신뢰롭고 타당하게 예측할 수 있도록 직무수행과 밀착되어야 한다는 것이 우리가 주장하는 것의 하나이다. 심리학자·산업계 기술자·경영전문가들이 그동안 이런 평가문제로 고심해 왔다. 이들의 노력은 별로 성공하지 못하고, 근무평정은 믿을 수 '없다'는 것은 널리 알려진 사실이다. 우리가 할 수 있는 이야기는 더 발전시켜야 한다고 지적하는 것뿐이다.

근무평가 설계에서 개발한 하나는 발전 가능성을 감소시키는 경향이다. 비중을 흔히 인성요인에 많이 두었다. 이것 때문에 잘한 일은 상으로, 잘못한 일은 벌로 보상해 줘야 한다는 평정의 명확성이 흐려졌다.

긍정적인 직무태도 요인인 인정감의 중요성을 말할 때, 여러 동기 요인이 크게 복합된 하나의 부분이 될 때를 제해 놓고는 고직무태도(사기)의 장기 감정을 증진시키는 데는 별 위력을 가지지 못한다고 말하였다. 이걸 보고 감독자의 가장 중요한 직무는 조직하고 계획하는 기능이라고 주장하게 된다.

경영대학원 또는 산업행정대학원의 상급 감독 훈련에서는 명확히 조직과 계획문제에 초점을 두는 것 같다. 하급 감독자를 위하여 무엇보다 중요한 인간관계 훈련은 이 수준의 일을 하는 데 있어서 기술 측면을 약하게 보는 경향이 아니다. 이것보다 우리가 이미 제안한 것처럼 중간관리층 직무의 구조가 지나치게 조직과 계획에 대한 능력을 제한해 왔다는 점이다. 감독을 발전시키는 데 있어서 간단하고 가장 중요한 목표는 감독으로 하여금 효과적으로 일을 계획하고 조직할 수 있도록 감독의 역할을 찾아내는 새로운 방법을 개발해 내야겠다는 것이 우리의 결론이다.

그렇다고 종업원 중심 감독 연구에서 얻은 교훈을 팽개쳐야 한다는 것을 의미하는가? 그건 그렇지 않다. 새 시대의 경영자가 구시대의 단순한 독재로 되돌아갈 것인가? 우리가 제시하는 것은 구시대의 경영형태로 되돌아가라는 것이 아니고 새로운 접근으로 일보 전진하라는 것이다. 미시간 대학의 종업원 중심 감독연구의 대부분은 종업원 중심 감독자가 높은 사기 집단을 가지고 있어도 그 행위는 높은 생산을 해낼 것이라고 예상할 수 없다고 제시하였다. 최근의 한 연구에 의하면(문헌 46) 독재적 감독자가 민주적 감독자보다 실제로 높은 수준의 생산을 해내도록 자극하였다는 것이다.

요약하여 감독자의 과업은 무엇인가? 잘한 일을 인정해 주고 잘한 만큼 보상해 줄 줄 알아야 할 것이다. 이걸 강조한다고 감독자와 부하직원 간의 적정 인간 상호관계 유지의 필요성을 등한히 해도 좋다는 이야기는 아니다. 이에 대하여 하급자로 하여금 성공적인 성취의 가능성을 증진시킬 수 있도록 감독자는 일을 조직하고 분화시키는 기술을 보다 많이 계속해서 습득하도록 해야 할 것이다. 이런 사고방식은 기계공 집단을 다루는 십장에서 부장을 다루는 사장에 이르기까지 모든 수준의 감독자에게도 적용된다.

(13) 참여의 개념

참여의 의미는 좀 명확치 못하다. 몇 명의 비평가들이 최근에 제안한 것처럼, 보다 민주적 생활방식을 취해야 된다고 선전하지만 미국 산업계의 권위의 패턴이 계속될 것은 분명하다. 이것은 피할 수 없는 노릇이다. 대형화하고 복잡해진 기관에서 일의 목적이 다 다른 모든 수준에 진정한 의미로 참여하기란 정말로 불가능하기 때문이다. 중앙집권적 경영의 필요성과 같은 조직의 한 단위와 다른 단위를 조정해야 할 필요성은 너무나 높다. 우리의 경제는 점점 더 대형조직으로 중앙집권화하고 있다.

목적 결정에 개인이 참여할 여유가 없다 하더라도 그 목적에 도달하는 길은 개인의 판단에 맡길 수밖에 없다는 것은 확실한 일이다. 집중된 권위에 의하여 제시된 목표를 달성할 수 있는 방법을 자기 스스로 만들어 낼 수 있는 자율권을—제한된 범위이긴 하지만—주는 것 같다. 이것이 동기문제를 해결하는 이상적인 방법이고, 흔히 말하는 참여보다 더 좋은 방법이다. 조직에서 하위 수준에 있는 사람이 전체 목적 설정을 마음대로 컨트롤하기를 기대한다는 것은 비현실적인 이야기이다. 그래서 이런 의미로 참여시킨다고 떠들어대는 것은 흔히 속임수에 불과하다.

(14) 정신건강 프로그램

산업에 있어서 정신건강이란 중요한 문제에 몇 가지 제의가 있다. 대개의 정신건강 프로그램은 정신적인 병의 치료에 초점을 두었다. 이 정신병은 명확히 무시할 수 없는 중요한 영역이다. 정신병은 조기 발견하여 속히 치료되어야 한다. 신경병환자는 전문가의 카운슬링을 받아야 한다.

그러나 이것이 정신건강 문제에서 가장 중요한 면인가? 우리의 연구결과로 눈을 돌려보자. 우리 연구표집에서 아주 낮은 비율만이 심한 긴장상태하에서 뚜렷한 좌절감 증세를 보였다. 말할 것도 없이 이 극소수의 환자는 임상적 치료를 요하였다. 나쁜 위생적 환경을 제거해 주는 것도 어느 정도까지는 이런 좌절을 예방할 수 있으리라는 것도 사실이다.

우리 연구결과에서 보다 중요한 측면은 직무태도가 높았던 때에 대하여 보고된 것들의 성격이다. 자기가 하는 일에 강하게 긍정적인 태도를 보여주면 적응을 잘하고 있는 때라고 단정하여 말하는 사람이 있다. 인간 상호관계의 향상, 일의 집중력 향상, 직무 목적과의 일체감 증대 등은 산업계의 정신건강 프로그램에서 주요 목표가 되는 긍정적인 직무태도를 갖게 하는 것이라고 주장하기도 한다. 이 말은 곧 대다수 시민의 정신건강을 증진시키기 위하여 해야 할 가장 중요한 일의 하나는 시민들이 하고 있는 일에 동기를 불어넣는 것이라는 뜻이다. 그래서 이 정신건강 프로그램은 단순히 개인적 신경병·알코올 중독·정신병 문제를 해결하는 데 그치는 것이 아니고 전체 사회에 긍정적인 힘이 되는 것이다.

(15) 최종목표

회사가 흔히 쓰는 방법은 최소의 위험률을 가지고 최대의 이익을 산출해 낼 수 있는 경영방식을 찾아내는 것이다. 지금까지 처방대로 회사가 경영된다면 아마도 개인의 생산성에는 많은 변화를 가져오게 될 것이다. 자기 자신의 일을 컨트롤할 수 있는 기회가 주어진 사람은 현저하게 향상될 것이고, 그렇지 않은 사람은 자유의 도전에 합당한 개인적 적응이나 기술면에서 이루어지지 않은 그만큼 저하될 것이다. 우리의 연구결과에 의하여 암시된 대로 하면 모든 수준의 모든 변화는 상향적일 것 같다. 동기를 증대시키고 창의성을 발휘하게 하면 개인의 능력 면에서 놀랄 만큼 발전할 것은 의심할 여지가 없다.

그러나 감독자나 경영자 입장에서 보면 경직된 관료체제하에서보다 더 평가하기 곤란하고, 통제하기 어려운 짐을 지게 될 것이다. 엄격한 규율을 하달하고 이 하달된 규율에 잘 따르도록 요구하는 대신 나쁜 결과와 좋은 결과를 가릴 수 있는 자기의 능력만 믿어야 할 것이다. 관료적 감독자는 그럴 필요가 없었다. 자기 감독하에 있는 종업원은 이미 정해진 단계와 목표대로 해나가고 있으며, 할당된 생산량을 채우기 위해서 일상적이고 무미건조한 일을 획일적으로 하고 있는 것이다. 업무수행에 있어서 보다 더 융통성을 주고, 직접적으로 인정해 주고, 물질적으로 보상해 주면 일은 현재보다 훨씬 향상될 것이다. 또 경영에서 빈약한 업무수행에 대한 인정과 반응도 있어야 한다.

 이미 말한 것처럼 이런 처방을 적용할 수 없다는 많은 사회적 분파가 있다. 이런 분파의 즐거운 생활은 일을 둘러싼 외부의 취미와 향상된 생활에서 올지도 모른다. 우리 사회가 발전함에 따라 이런 집단이 점점 줄어들기 바란다. 그래서 대부분의 사람에게 일은 점점 의미를 잃어가고, 반대로 여가 추구가 우리 사회의 가장 중요한 목적이 되는 그런 미래의 사회를 내다보는 비관론을 배격한다. 인간 최대의 성취는 사회의 욕구뿐만 아니라 개인 자신의 욕구와 의미 있게 관련되는 그런 활동 속에서 발견된다고 생각하지 않을 수 없다.

참 고 문 헌

1. Annual Review of Psychology. Stanford, California: Stanford University Press, 1955.

2. Arendt, Hannah. The human condition. Chicago: University of Chicago Press, 1958.

3. Arensberg, C. M., and D. McGregor. Determination of morale in an industrial company. Appl. Anthrop., 1942. 1(2), 12~34.

4. Argyris, C. Personality and organization; the Conflict between system and the individual. New York: Harper, 1957.

5. Bavelas, A. In D. Cartwright and A. Zander(eds.), Group dynamics. Evanston, Illinois: Row, Peterson, 1953.

6. Berelson, B. Content analysis in Communication research. Glencoe, Illinois: Free Press, 1952.

7. Blum, F. A. Toward a democratic work process. New York: Harper, 1953.

8. Brayfield, A. H., and W. H. Crockett. Employee attitudes and employee performance. Psychol. Bull., 1955(52) 5, 396~424.

9. Brown, J. A. C. The social psychology of industry. London: Penguin Books, 1954.

10. Caplow, T., and R. McGee. The academic marketplace. New York: Basic Books, 1958.

11. Coch, L., and J. R. P. French. Overcoming resistance to

change. Hum. Relat., 1948, 1, 512~532.

12. Coombs, C. H. A theory of psychological scaling. Engineering Research Institute Bull. No.34. Ann Arbor, Michigan: University of Michigan, 1951.

13. De Grazia, S. The Political community. Chicago: University of Chicago Press, 1950.

14. Dickson, W. J. The Hawthorne plan of personnel counseling. Amer. Journ. of Ortho. Psychy., 1945, 15. 343~347.

15. Durkheim, E. Suicide: a study in sociology. Glencoe, Illinois: The Free Press, 1951.

16. Flanagan, J. The critical incident technique. Psychol. Bull., 1954, 51, 327~358.

17. Fromm, E. The sane society. New York: Rinehart, 1955.

18. Green, B. Attitude measurement. in G. Lindzey(ed). Handbook of social psychology. Cambridge, Massachusetts: Addison-Wesley, 1954.

19. Heron, Alastair. The establishment for research Purposes of two criteria of occupational adjustment. Occup. Psychol., Lond., 1952, 26, 78~85.

20. Hersey, R. B. Emotional factors in accidents. Personnel J., 1936, 15, 59~65.

21. Herzberg, F. An analysis of morale survey comments. Personnel Psychol., 1954, 7(2),

22. Herzberg, Psychological Service Morale Surveys. Pittsburgh: Psychological Service of Pittsburgh, 1954.

23. Herzberg, B. Mausner, R. Peterson, and D. Capwell. Job attitudes: Review of research and opinion. Pittsburgh: Psychological Service of Pittsburgh, 1957.

24. Homans, G. C. The human group. New York: Harcourt, Brace, 1950.

25. Hoppock, R. Job satisfaction. New York: Harper, 1935.

26. Horsfall, A. B., and C. M. Arensberg. Teamwork and productivity in a shoe factory. Hum. Orgazization, 1949, 8, 1 3~25.

27. Hughes, E. C. The knitting of racial groups in industry. Amer. sociol. Rev., 1946, 11, 512~519.

28. Kahn, R. L. The prediction of productivity. Journ. of Social Issues, 1956, 12, 41~49.

29. Katz, D. Morale and motivation in industry. In Dennis, W. (ed.), Current trends in industrial psychology. Pittsburgh: University of Pittsburgh Press, 1949, 145~171.

30. Katz, and R. L. Kahn. Some recent findings in human relations research. Ann Arbor, Michigan: University of Michigan Survey Research Center, 1952.

31. Katz, D., N. Macoby, and N. Morse. Productivity, supervision and morale in an office situation. Part I. Ann Arbor. Michigan: University of Michigan, Inst. for soc. Res., 1951.

32. Kerr, W. Labor turn over and its correlates. J. appl Psychol., 1947, 31, 366~371.

33. Lasswell, H. D. language and politics. New York: E. W. Stewart, 1949.

34. Lazarsfeld, P. F. The Language of social research. Glencoe, Illinois: Free Press, 1955.

35. Lewin, Kurt. Resolving social conflict. New York: Harper, 1950.

36. Lewin, Field theory in social science. New York: Harper, 1951.

37. Lincoln, J. F. Lincoln's incentive system. New York:

McGraw-Hill, 1946.

38. Malinowski, B. A scientific theory of culture and other essays. Chapel Hill, North Carolina: University of North Carolina Press, 1944.

39. Mann, F., et al. A comparison of high morale and Low morale employees. Unpublished study, 1949.

40. Maslow, A. H. A theory of motivation. Psychol. Rev., 1943, 50, 370~396.

41. Maslow, Motivation and personality. New York: Harper, 1954.

42. Mayo, Elton. The human problems of an industrial civilization. New York: Macmillan, 1933.

43. McFarland, K. Why men and women get fired. Personnel Journ., 1957, 35, 307~308.

44. McMurry, R. N. The case for benevolent autocracy. Harv. Bus. Rev., 1958, 36(5), 82~90.

45. Merton, R. K., et al. The focused interview. Glencoe, Illinois: Free Press, 1955.

46. Morse, N., and E. Reimer. The experimental change of a major organizational variable. J. abnorm. soc. Psychol., 1956, 52, 120~129.

47. Packard, Vance. The hidden persuaders. New York: Mckay, 1957.

48. Pfiffner, J. M. The effective supervisor: an organization research study. Personnel, 1955, 31, 530~540.

49. Purcell, T. The worker speaks his mind on company and union. Cambridge, Massachusetts: Havard University Press, 1953.

50. Purcell, Dual allegiance to company and union-packinghouse workers. Personnel Psychol., 1954, 7, 48~58.

51. Roethlisberger, F. J., and W. J. Dickson. Management and the worker. Cambridge, Massachusetts: Harvard University Press, 1947.

52. Seashore, Stanley E. Group cohesiveness in the industrial work group. Ann Arbor, Michigan: University of Michigan, Survey Research Center 1954.

53. S. R. A. Employee inventory. Chicago: Science Research Associates, 1951.

54. Stagner, R. Psychological aspects of industrial conflict: I. Perception. Personnel Psychol., 1948, 1. 131~143.

55. Stockford, L., and K. Kunze. Psychology and the pay check. Personnel, 1950, 27, 129~143.

56. Walker, C. R. Steeltown. New York: Harper, 1950.

57. Walker, Toward the automatic factory.: a case study of men and machines. New Haven: Yale University Press, 1957.

58. Whyte, W. F. Money and motivation. New York: Harper, 1955.

59. Whyte, W. H., Jr. The organization man. New York: Simon and Schuster, 1956.

60. Wickert, F. Turnover, and employees' feelings of ego-involvement in the day-to-day operations of a company. Personnel psychol., 1951, 4, 185~197.

61. Zaleznik, A. Worker satifaction and development. Boston: Division of Research, Harvard Business School, 1956.

● 역 자 소 개 ●

주삼환(朱三煥)

●약력●
서울교육대학 교육학과 졸업
서울대학교 교육대학원 교육행정 전공(교육학석사)
미국 미네소타 대학교 대학원 교육행정 전공(철학박사)
전 서울 시내 초등학교 교사 약 15년
　한국교육학회 회원, 한국교육행정학회 회장(1999)
　미국 오하이오 주립대학교 객원교수(2003~2004)
현 충남대학교 인문대학 교육학과 교수

●저서 및 역서●

『미국의 교장』(학지사, 2005)
『교육의 질 향상을 위한 장학의 이론과
기법』(학지사, 2003)
『교육행정 및 교육경영』
　(공저, 학지사, 2003, 개정판)
『교육이 바로 서야』(원미사, 2002)
『역사적 전환시대의 한국교육』
　(동문사, 2001)
『위기의 한국교육』(한국학술정보(주), 2005)
『지식정보화 사회의 교육과 행정』
　(학지사, 2000)
『한국교육행정강론』(한국학술정보(주), 2005)
『질의 교육과 교육행정』
　(한국학술정보(주), 2005)
『수업관찰과 분석』(공저, 원미사, 1998)
『변화하는 시대의 장학』(원미사, 1997)
『전환기의 교육행정』(성원사, 1996)
『학교경영과 교내장학』(학지사, 1996)
『교육행정 및 교육경영』

　(공저, 삼광출판사, 1995)
『우리의 교육, 몸으로 가르치자』
　(한국학술정보(주), 2005)
『장학론』(공저, 한국교육행정학회, 1995)
『교육행정논단』(성원사, 1992)
『교육행정의 새로운 접근』
　(공역, 양서원, 1992)
『새로운 세기의 교장과 장학』
　(성원사, 1992)
『사회과학이론 입문』(공역, 한국학술정보
(주), 2005)
『장학·교장론: 교육의 질 관리』
　(성원사, 1990)
『지도자의 철학』(공역, 법문사 1989)
『교양 인간관계론』(공역, 법문사, 1987)
『교육행정사상의　변화』(한국학술정보
(주), 2005)
『인간자원장학론』(공역, 배영사, 1987)
『장학론: 장학사와 교사의 상호관계성』

　（역, 교육출판사, 1987)

『교육행정철학』(역, 한국학술정보㈜, 2005)

『미국의 교육행정』(한국학술정보㈜, 2005)

『입문 비교교육학』(역, 한국학술정보㈜, 2005)

『장학론: 선택적 장학체제』
　（역, 문음사, 1986)

『교육행정연구』(성원사, 1985)

『장학론』(공역, 학문사, 1984)

『교육정책의 새로운 방향』
　（역, 교육과학사, 1983)

『교육학개론』(공저, 정민사, 1983)

『허즈버그의 직무 동기이론』(역, 한국학술정보㈜, 2005)

『임상장학』(역, 한국학술정보㈜, 2005)

『장학론』(갑을출판사, 1982)

『신장학론』(역, 교육출판사, 1979)

허즈버그의 직무 동기이론

• 초판 인쇄	2006년 1월 2일
• 초판 발행	2006년 1월 2일
• 지 은 이	F. 허즈버그
• 역 자	주삼환
• 펴 낸 이	채종준
• 펴 낸 곳	한국학술정보㈜ 경기도 파주시 교하읍 문발리 526-2 파주출판문화정보산업단지 전화 031) 908-3181(대표) · 팩스 031) 908-3189 홈페이지 http://www.kstudy.com e-mail(e-Book사업부) ebook@kstudy.com
• 등 록	제일산-115호(2000. 6. 19)
• 가 격	12,000원

ISBN   89-534-4158-7 93370 (Paper Book)
          89-534-4159-5 98370 (e-Book)